Reinhold / Scheuring / Zürn
Übungs- und Testheft — Grundbildung für Kaufleute

Siegfried Reinhold / Franz Scheuring / Bernd Zürn

# Übungs- und Testheft

# Grundbildung für Kaufleute

4., neubearbeitete Auflage

herausgegeben von Harry Fiebig

**GABLER**

Die Deutsche Bibliothek – CIP-Einheitsaufnahme

**Reinhold, Siegfried:**
Grundbildung für den Kaufmann / Siegfried Reinhold ; Franz
Scheuring ; Bernd Zürn. – Wiesbaden : Gabler.
(Gabler-Schulbuch)
Teilw. u.d.T.: Reinhold, Siegfried: Grundbildung für Kaufleute
Übungs- und Testh. – 4., neubearb. Aufl. – 1992
ISBN-13: 978-3-409-97274-1     e-ISBN-13: 978-3-322-82957-3
DOI: 10.1007/978-3-322-82957-3

1. Auflage 1980
2. Auflage 1985
3. Auflage 1989
4. Auflage 1992

Der Gabler Verlag ist ein Unternehmen der Verlagsgruppe Bertelsmann International.
© Betriebswirtschaftlicher Verlag Dr. Th. Gabler GmbH, Wiesbaden 1992
Softcover reprint of the hardcover 4th edition 1992
Lektorat: Brigitte Stolz-Dacol

Höchste inhaltliche und technische Qualität unserer Produkte ist unser Ziel. Bei der Produktion und
Verbreitung unserer Bücher wollen wir die Umwelt schonen: Dieses Buch ist auf säurefreiem und
chlorfrei gebleichtem Papier gedruckt. Die Einschweißfolie besteht aus Polyäthylen und damit aus
organischen Grundstoffen, die weder bei der Herstellung noch bei der Verbrennung Schadstoffe
freisetzen.

Die Wiedergabe von Gebrauchsnamen, Handelsnamen, Warenbezeichnungen usw. in diesem Werk
berechtigt auch ohne besondere Kennzeichnung nicht zu der Annahme, daß solche Namen im Sinne
der Warenzeichen- und Markenschutz-Gesetzgebung als frei zu betrachten wären und daher von
jedermann benutzt werden dürften.

Satz: I. Junge, Düsseldorf

ISBN-13: 978-3-409-97274-1

# Inhaltsverzeichnis

**Benutzerhinweis**

Das Übungs- und Testheft bildet zusammen mit dem Informationsbuch eine Einheit.

Nach einem Gedächtnisaufgabensatz steht der Hinweis „*Weiter im Informationsbuch*". Dort wird nach einigen Seiten wieder auf dieses Übungs- und Testheft verwiesen, und zwar jetzt auf den nächsten Aufgabensatz.

Nach der letzten Gedächtnisaufgabe deutet der schwarze Pfeil an, daß Sie nun mit den Verständnis- und Qualifikationsaufgaben der betreffenden Lerneinheit weitermachen sollen. Am Ende der Lerneinheit gehen Sie bitte in das Informationsbuch zurück.

# 1. WIRTSCHAFTLICHE TÄTIGKEIT

## 1.1 Gedächtnisaufgaben

1 Bedürfnisse sind ........................................, die durch Güter und ............................................
..................................................... befriedigt werden können.

2 Bedürfnisse sind begrenzt ○      wandelbar ○      staatlich vorgeschrieben ○   bei allen Menschen
gleich ○      unbegrenzt ○

3 Bedürfnisse zwingen den Menschen zum ...........................................Handeln.

4 Welche Kriterien entscheiden darüber, ob ein Bedürfnis zum Existenz-, Luxus- oder Kulturbedürfnis
zählt?

Nennen Sie drei Kriterien:      1 ...............................................................................
2 ...............................................................................
3 ...............................................................................

5 Luxusbedürfnisse werden durch...............................................und ................................
........................................................oft zu Existenzbedürfnissen.

6 Die wirtschaftliche Entwicklung führte dazu, daß viele Individualbedürfnisse zu ...............................
........................................................wurden.

7 Vervollständigen Sie die Tabelle, indem Sie die Bedürfnisarten nach ihrer Zugehörigkeit einordnen.

| Bedürfnis-arten | Existenz-bedürfnisse (a) | Immaterielle Bedürfnisse (b) | Individual-bedürfnisse (c) | Körperliche Bedürfnisse (d) |
|---|---|---|---|---|
| 1 Seelische Bedürfnisse | | | | |
| 2 Kollektiv-bedürfnisse | | | | |
| 3 Luxusbedürf-nisse | | | | |
| 4 Kulturbedürf-nisse | | | | |
| 5 Geistige Bedürfnisse | | | | |
| 6 Materielle Bedürfnisse | | | | |

8 Den Teil der Bedürfnisse, den man mit seinem Einkommen befriedigen kann, nennt man ................ .

9 Bedarf      ist mit Bedürfnis identisch ................... ○
wird am Markt zur Nachfrage .............. ○
ist nur das Lebensnotwendige ........... ○
ist immer größer als das Bedürfnis ..... ○

10 Zu den Existenzbedürfnissen gehören:     Reisen ○      Kleidung ○      Wohnung . ○
Nahrung ○      Schmuck ○      Unterhaltung ○

11 Bedürfnisse, die im allgemeinen durch die Gemeinschaft befriedigt werden, heißen:

Städtische Bedürfnisse .......................... ○
Immaterielle Bedürfnisse ..................... ○
Kollektivbedürfnisse ........................ ○
Individualbedürfnisse ........................ ○

*Weiter im Informationsbuch*

## 1.2 Gedächtnisaufgaben

12 Alle Mittel, die der Befriedigung menschlicher Bedürfnisse dienen, heißen ............................................. .

13 Die meisten Güter sind ..............................Güter; sie werden auch als ...............................Güter bezeichnet.

14 Weil Güter .........................................stiften, sind sie begehrt.

15 Wirtschaftliche Güter     sind auch Dienstleistungen ...................... ○
    sind ohne Gegenleistung erhältlich .......... ○
    verursachen Kosten bei der Bereitstellung ○
    sind nur begrenzt vorhanden ................... ○

16 Freie Güter     sind nicht knapp   ○     stiften Nutzen   ○
    zwingen zu wirtschaften ○     sind ohne Gegenleistung erhältlich ○

17 Ergänzen Sie das folgende Schema!

Wirtschaftliche Güter

18 Güter, die zur Herstellung oder Gewinnung anderer Güter eingesetzt werden, heißen ......................... .......................................................... .
Güter, die der unmittelbaren Bedürfnisbefriedigung dienen heißen, .................................................. .

19 Produktionsgüter sind     Möbel   ○     Maschinen ○     Werkzeuge ○
    Getränke ○     Kleidung   ○     Rohstoffe   ○

20 Güter, die mehrfach Nutzen stiften, heißen .................................................................... .
Güter, die nur einmal Nutzen stiften, heißen .................................................................... .

21 Ein Gut, das ein anderes ersetzen kann, heißt .................................................................. .
Ein Gut, das zusätzlich zu einem Gut benötigt wird, heißt ................................................... .

22 Benzin ist für das Auto ein .................................................................... .
Margarine ist für Butter ein .................................................................... .

*Weiter im Informationsbuch*

## 1.3 Gedächtnisaufgaben

23 Entscheidungen treffen über knappe Güter heißt................................................................. .

24  Produzenten, Konsumenten, Investoren und Sparer als Träger des Wirtschaftens werden als .............
..................................................... bezeichnet.

25  Die Summe aller der menschlichen Bedürfnisbefriedigung dienenden Einrichtungen heißt .................
.................................. .

26  Gegenstand des Wirtschaftens ist das ......................................................... .

27  Die Gesamtheit der Wirtschaftssubjekte eines Staates ist die .............................................. .

28  Nennen Sie drei Wirtschaftssubjekte

a) ............................................. .

b) ............................................. .

c) ............................................. .

29  Ergänzen Sie die Tabelle!

| Deutsche Bezeichnung | ..................... | Güteraustausch | Güterverteilung | ..................... |
|---|---|---|---|---|
| Fremdwort | Produktion | ..................... | ..................... | Konsumtion |

30  Setzen Sie die Fachbegriffe ein!
Wer die Güter bekommt, entscheidet die ............................................................... .

Mit wem fehlende Güter ausgetauscht werden, entscheidet die ..................................... .

Wie die Güter verwendet werden, entscheidet die ............................................... .

Welche Güter hergestellt werden, entscheidet die ............................................... .

31  Wie heißen die vier Wirtschaftsbereiche?

a) .........................................................

b) .........................................................

c) .........................................................

d) .........................................................

32  Welche Teilbereiche sind dem Wirtschaftsbereich Verteilung zuzuordnen?

Handwerk ...... ○        Großhandel ○        Landwirtschaft ..... ○
Einzelhandel .. ○        Industrie ..... ○        Außenhandel ....... ○

33  Ordnen Sie die Wirtschaftsbereiche a–d den entsprechenden Beispielen zu!

| | | | |
|---|---|---|---|
| a) | Urerzeugung | 1 | Handwerk ............................. |
| b) | Weiterverarbeitung | 2 | Außenhandel ......................... |
| c) | Verteilung | 3 | Investitionsgüterindustrie ........... |
| d) | Verbrauch | 4 | Forstwirtschaft ....................... |
| | | 5 | Private Haushalte ................... |
| | | 6 | Bergbau ............................. |
| | | 7 | Konsumgüterindustrie ............... |
| | | 8 | Landwirtschaft ...................... |

34  Die drei Produktionsbereiche einer Volkswirtschaft sind:

a) ...........................................................

b) ...........................................................

c) ...........................................................

35 In einer wenig entwickelten Volkswirtschaft sind die meisten Menschen im.............................................. Sektor beschäftigt.

36 Der technische Fortschritt bewirkt die Abnahme der Beschäftigten im ............................................. Bereich und eine Zunahme im .....................................................Bereich.

37 Eine hohe Beschäftigtenzahl im .....................................................Sektor ist ein Zeichen für eine moderne Volkswirtschaft.

⬇

**Verständnisaufgaben**

38 Überprüfen Sie die Richtigkeit der folgenden Aussagen!
  a) Eine exakte Abgrenzung zwischen den einzelnen Bedürfnisarten ist möglich ........................... ◯
  b) Bedarf ist der Teil der Bedürfnisse, die am Markt nicht mehr zu Nachfrage werden ................. ◯
  c) Ein Interessenkonflikt zwischen den einzelnen Bedürfnissen ist möglich................................. ◯
  d) Existenz- und Luxusbedürfnisse lassen sich aufschieben ..................................................... ◯
  e) Existenzbedürfnisse müssen kurzfristig befriedigt werden..................................................... ◯

39 Ordnen Sie die folgenden Güter den einzelnen Bedürfnisarten zu!
  (Mehrfachzuordnungen sind z. T. möglich)

| | Existenz-bedürfnisse ⓐ | Kultur-bedürfnisse ⓑ | Luxus-bedürfnisse ⓒ | Materielle Bedürfnisse ⓓ | Immaterielle Bedürfnisse ⓔ | Individuelle Bedürfnisse ⓕ | Kollektiv-bedürfnisse ⓖ |
|---|---|---|---|---|---|---|---|
| 1 Kaviar | | | | | | | |
| 2 Wohnung | | | | | | | |
| 3 Polizei | | | | | | | |
| 4 Brot | | | | | | | |
| 5 Theater | | | | | | | |
| 6 Schulen | | | | | | | |

40 Bedarf wird erst dann zur Nachfrage, wenn er
  a) eine hohe Dringlichkeit hat ......................................... ◯
  b) einen großen Nutzen bringt ......................................... ◯
  c) mit Kaufkraft ausgestattet ist ...................................... ◯
  d) als Individualbedürfnis auftritt ..................................... ◯
  e) im Konsumplan eines Haushalts enthalten ist ................. ◯

41 Ordnen Sie die folgenden Güter den einzelnen Güterarten zu!

| | Konsumgut als | | Produktionsgut als | |
| --- | --- | --- | --- | --- |
| | Gebrauchs- ⓐ | Verbrauchsgut ⓑ | Gebrauchs- ⓒ | Verbrauchsgut ⓓ |
| 1 Hochofen | | | | |
| 2 Heizöl im Haushalt | | | | |
| 3 Heizöl im Betrieb | | | | |
| 4 Abendkleidung | | | | |
| 5 Kühlschrank | | | | |
| 6 Werkzeug (Haushalt) | | | | |
| 7 Werkzeug (Handwerker) | | | | |
| 8 Wohngebäude | | | | |
| 9 Betriebsgebäude | | | | |
| 10 Eisenerz | | | | |

42 Ergänzen Sie folgende Tabelle!

horizontale Gliederung ⟶

vertikale Gliederung ↓

| Urproduktion | .................... | .................... | .................... |
| --- | --- | --- | --- |
| Verarbeitung | Fischkonserven | Raffinerien | .................... |
| Verteilung | .................... | .................... | Papierhandel |

43 Ordnen Sie zu!

| Beispiel | ⓐ Wirtschaftssubjekt | ⓑ Wirtschaftsobjekt |
| --- | --- | --- |
| 1 Familie | | |
| 2 Rohstoffe | | |
| 3 Lagerhalle | | |
| 4 Arbeitnehmer | | |
| 5 Gemeinde | | |
| 6 Kirche | | |
| 7 Energie | | |
| 8 Maschinen | | |
| 9 Gewerkschaften | | |
| 10 Hüttenwerk | | |

44 Geben Sie jeweils 2 Beispiele für
a)  Substitutionsgut   1 ........................................  und  ........................................
                        2 ........................................  und  ........................................

b)  Komplementärgut   1 ........................................  und  ........................................
                        2 ........................................  und  ........................................

45 Überprüfen Sie die Richtigkeit der folgenden Aussagen!
Der technische Fortschritt   a) führt zu Wohlstandssteigerung ........................................ ○
                              b) führt zu einer verstärkten Beschäftigung im primären Sektor ....... ○
                              c) führt zu einer Erhöhung der Produktion ................................. ○
                              d) führt zu einer verstärkten Beschäftigung im tertiären Sektor ........ ○
                              e) bestimmt den Entwicklungsstand einer Volkswirtschaft ............... ○

46  Welche Grundaufgabe hat die Wirtschaft zu erfüllen?

    a) Stärkung der staatlichen Macht ................................................. O
    b) Realisierung einer gerechten Einkommensverteilung ............. O
    c) Schaffung einer konfliktfreien Gesellschaft ............................ O
    d) Milderung der Güterknappheit ................................................ O
    e) Deckung des Bedarfs ............................................................... O

47  Wir unterscheiden den    a) primären Sektor,    b) sekundären Sektor,    c) tertiären Sektor.

    Die folgenden Beispiele sind den entsprechenden Sektoren zuzuordnen:

| 1 | Bundesbahn | | 6 | Steuerberater | |
|---|------------|---|---|---------------|---|
| 2 | Obstanbau | | 7 | Lehrer | |
| 3 | Automobilwerk | | 8 | Baumschulen | |
| 4 | Einzelhandel | | 9 | Textilfabrik | |
| 5 | Versicherungen | | 10 | Berufsberater | |

## Qualifikationsaufgaben

48  Warum können durch Industrialisierung und Bevölkerungszunahme freie Güter zu wirtschaftlichen Gütern werden? Geben Sie Beispiele.

49  Bund, Länder und Gemeinden entscheiden in ihren Haushaltsberatungen über den Kollektivbedarf.

    a) Besteht ein Zusammenhang zwischen Kollektiv- und Individualbedarf?

    b) Welche Auswirkungen hat ein Anwachsen des Kollektivbedarfs auf den Individualbedarf?

    c) Nehmen Sie Stellung zu dem Schlagwort „Öffentliche Armut – Privater Reichtum"

50  Durch die Werbung werden in den modernen Volkswirtschaften die Bedürfnisse der privaten Haushalte immer mehr beeinflußt, geformt und manipuliert, um den Bedarf zu lenken und den Absatzmarkt zu sichern.

    a) Können sich aus einer solchen Manipulation der Bedürfnisse durch die Werbung für den einzelnen bzw. für die Volkswirtschaft Gefahren ergeben?

    b) Gibt es auch volkswirtschaftliche Vorteile für die Bedürfnislenkung der Verbraucher?

51  Die einzelnen Wirtschaftssubjekte stellen ihre Haushaltspläne frei und unabhängig voneinander auf. Wie erfolgt das Aufeinanderabstimmen dieser Haushaltspläne?

52  Nehmen Sie Stellung zu der graphischen Übersicht „Veränderung der Beschäftigungsstruktur in Deutschland". Vergleichen Sie die Entwicklung mit denen anderer Länder!

    Wie ist es möglich, daß ein immer kleinerer Teil der Beschäftigten für die Produktion tätig ist und ein immer größer werdender Teil der Beschäftigten für die wachsenden Aufgaben im Dienstleistungsbereich zur Verfügung steht?

## 2.  GRUNDLAGEN DES WIRTSCHAFTENS I

### 2.1  Gedächtnisaufgaben

1  Trifft der Mensch Entscheidungen über die Zweckmäßigkeit und Wirtschaftlichkeit des Einsatzes seiner Mittel, so handelt er nach dem ........................................................................ .

2  Den knappen Gütern und Dienstleistungen stehen unbegrenzte .........................gegenüber. Diese Konfliktsituation versucht das.................................... .......................... zu lösen.

3  Das ökonomische Prinzip wird auch als ................................. oder ....................................................... bezeichnet.

4  Das ökonomische Prinzip wird aufgeteilt in:  a) ...................................................................
                                                               b) ...................................................................
                                                               c) ...................................................................

5  Wer mit gegebenem Mitteleinsatz einen ........................................Nutzen erzielt, handelt nach dem ............................................... .

6  Wer ein ............................ Ziel mit einem ..........................................Mitteleinsatz erreicht, handelt nach dem Minimumprinzip.

7  Wer den Mitteleinsatz so abstimmt, daß ein möglichst großer Überschuß der ............................... über den ...............................erzielt wird, handelt nach dem Extremumprinzip.

8  Welche Größe wird beim Maximumprinzip gesucht?

          benötigte Mittel  ○          bestimmte Leistung  ○
          höchste Leistung  ○          geringste Mittel ......  ○

9  Das Verhältnis des Ertrages zum Aufwand bezeichnet man als ......................................... .

10  Mit dieser Kennziffer ...............................läßt sich die Einhaltung des ............................ messen.

11  Das Minimumprinzip entspricht dem ........................................... .
Das Maximumprinzip entspricht dem ........................................... .

12  Die Wirtschaftlichkeit wird berechnet, indem der ...............................durch den ........................... dividiert wird.

*Weiter im Informationsbuch*

## 2.2  Gedächtnisaufgaben

13  Die Einzelwirtschaften einer Volkswirtschaft sind:  a) .......................................................
                                                                    b) .......................................................
                                                                      c) .......................................................

14  In den privaten Haushalten vollzieht sich der..............................................................; in den Betrieben werden ............................. und ...........................................................erstellt.

15  Der Betrieb ist eine.............................. – ...................................................... Wirtschaftseinheit
Das Unternehmen ist eine ..................................– ...................................... Wirtschaftseinheit

16  Die Produktionsstätte von Sachgütern und Dienstleistungen heißt ....................................... .
Die ihren Wirtschaftsplan selbst erstellende Wirtschaftseinheit heißt ..................................... .

17  Prüfen Sie die Richtigkeit der Aussagen!

a) In den Betrieben vollzieht sich der Güterverbrauch ....................................................... ○
b) In den Betrieben werden Güter- und Dienstleistungen erstellt ....................................... ○
c) Unternehmen in einem marktwirtschaftlichen System werden Betriebe genannt ...................... ○
d) Betriebe in einem marktwirtschaftlichen System werden Unternehmen genannt ....................... ○
e) Die technisch-organisatorische Wirtschaftseinheit wird als Unternehmen bezeichnet, die rechtlich-finanzielle Wirtschaftseinheit wird als Betrieb bezeichnet ...................................... ○

18 Setzen Sie die richtigen Begriffe ein.

a) Bedarfsdeckung       b) Gewinnmaximierung       c) Nutzenmaximierung

1 Private Haushalte streben nach ............................................................ .
2 Private Unternehmen streben nach ...................................................... .
3 Öffentliche Betriebe streben nach ........................................................ .

19 Welche Aussagen treffen auf ein privates Unternehmen zu?
Deckung des Kollektivbedarfs O       Gemeinnützigkeit ...................... O
Gewinnstreben ...................... O       Steuermittel für Verlustausgleich O

20 Die Opel AG ist ein       privates Unternehmen ...... O
                          öffentlicher Betrieb ........... O

Die Bundesbahn ist ein       privates Unternehmen ...... O
                          öffentlicher Betrieb ........... O

21 Nach der Leistungserstellung unterscheidet man:

Arbeitsintensive Betriebe O       Produktionsgüterbetriebe O
Konsumgüterbetriebe .... O       Mittelbetriebe ................. O
Öffentliche Betriebe ....... O       Dienstleistungsbetriebe .. O

22 Nach der betrieblichen Zielsetzung werden Betriebe unterteilt in:

a) ..........................................Betriebe
b) ..........................................Betriebe
c) ..........................................Betriebe

23 Die Reihenfolge der 4 Hauptfunktionen eines Industriebetriebes ist:

a) ..............................................
b) ..............................................
c) ..............................................
d) ..............................................

24 Durch den ...........................................und den ...........................................steht das
Unternehmen mit seiner Außenwelt in Beziehung.

25 Gegenüber dem Beschaffungsmarkt entstehen einem Unternehmen Aufwendungen für

Verwaltung ........... O       Werkstoffe ......... O       Produktion ..... O
Arbeitskräfte .......... O       Betriebsmittel ...... O       Lagerung ....... O

**Verständnisaufgaben**

26 Das ökonomische Prinzip als Maximumprinzip beinhaltet:

a) Mit geringstem Mitteleinsatz einen maximalen Nutzen zu erreichen............... O
b) Mit gegebenem Mitteleinsatz einen bestimmten Nutzen zu erreichen ........... O
c) Mit gegebenem Mitteleinsatz einen maximalen Nutzen zu erreichen ............ O
d) Mit maximalem Mitteleinsatz einen maximalen Nutzen zu erzielen ............... O
e) Mit geringstem Mitteleinsatz einen bestimmten Nutzen zu erzielen............... O

27 Ordnen Sie drei der vier vorgenannten Verhaltensweisen den entsprechenden Wirtschaftlichkeits-
prinzipien zu!

    1 Ein Autofahrer möchte die Strecke Frankfurt-Hamburg      Maximumprinzip ☐
       mit möglichst geringem Benzinverbrauch zurücklegen      Minimumprinzip ☐

    2 Ein Autofahrer möchte mit dem                          Extremumprinzip ☐
       geringstmöglichen Benzinverbrauch
       ein größtmögliche Strecke zurücklegen

    3 Ein Autofahrer möchte mit einem vollen Benzintank
       möglichst viele Kilometer zurücklegen

    4 Ein Autofahrer will sein Fahrverhalten so einstellen,
       daß er ein möglichst günstiges Verhältnis zwischen
       Benzinverbrauch und gefahrener Strecke erreicht

28 Die Wirtschaftlichkeit eines Unternehmens ist gegenüber dem Vorjahr gestiegen. Was beinhaltet
diese Aussage?

    a) Der Aufwand ist im Verhältnis zum Ertrag stärker gestiegen ............... ○
    b) Das eingesetzte Kapital hat sich besser verzinst ............... ○
    c) Die Leistung wurde mit geringerem Mitteleinsatz erstellt ............... ○
    d) Die eingesetzten Mittel führten einen größeren Erfolg herbei ............... ○
    e) Der Ertrag ist im Verhältnis zum Aufwand stärker gestiegen ............... ○

29 Ordnen Sie die ökonomischen Hauptziele den entsprechenden Wirtschaftseinheiten zu!

    a) Bedarfsdeckung                  Private Haushalte ............... ☐
    b) Gewinnmaximierung            Staat ............... ☐
    c) Wohlfahrtsmaximierung       Öffentliche Betriebe ............ ☐
    d) Nutzenmaximierung            Private Unternehmen .......... ☐

30 Was bedeutet das erwerbswirtschaftliche Prinzip?

    a) Kostenminimierung ............... ○
    b) Gewinnmaximierung ............... ○
    c) Umsatzmaximierung ............... ○
    d) Produktivitätssteigerung ......... ○
    e) Nutzenmaximierung ............... ○

31 Welche ökonomischen Zwischenziele sind den entsprechenden Wirtschaftseinheiten zuzuordnen?

| Zwischenziele | Unternehmen (a) | Staat (b) | Private Haushalte (c) | Öffentliche Betriebe (d) |
|---|---|---|---|---|
| 1 Kostendeckung | | | | |
| 2 Vollbeschäftigung | | | | |
| 3 Lohnmaximierung | | | | |
| 4 Rentabilität | + | | | |
| 5 Verlustminimierung | | | | |
| 6 Produktivitätssteigerung | 1 | | | |
| 7 Arbeitsminimierung | | | | |
| 8 Preisstabilität | | | | |

32 Prüfen Sie die Richtigkeit der Aussagen!

    a) Gewinne sind zur Investitionsfinanzierung erforderlich ............... ○
    b) Private Unternehmen kennen kein Risiko und kein Wagnis ............... ○
    c) Gewinne dienen der Arbeitsplatzerhaltung ............... ○
    d) Öffentliche Betriebe tragen ein Unternehmerrisiko ............... ○
    e) Öffentliche Betriebe können Verluste aus Steuermitteln ausgleichen ............... ○

33  Was sind typische Unternehmensaufgaben?

   a) Treffen von wichtigen betrieblichen Entscheidungen ........................................... O
   b) Festlegen des Unternehmenszieles ................................................................. O
   c) Beaufsichtigung der Arbeitnehmer ................................................................. O
   d) Kontrolle des Gesamtbetriebes ...................................................................... O
   e) Festlegung der Unternehmensorganisation .................................................... O

34  Ordnen Sie zu!

   1  Kapitalintensiver Betrieb        Betriebstyp nach: ........................
   2  Großbetrieb                      Zielsetzung ...............................
   3  Versicherungsbetrieb             Beschäftigtenzahl .....................
   4  Kapitalgesellschaft              Wirtschaftszweig ......................
   5  Konsumgüterbetrieb               Produktionsfaktor .....................
   6  Erwerbswirtschaftlicher Betrieb  Rechtsform ...............................
                                       Leistungerstellung ....................

35  Ordnen Sie die aufgeführten Tätigkeiten den entsprechenden Hauptfunktionen eines Unternehmens zu!

| | Tätigkeiten | Beschaffung (a) | Produktion (b) | Absatz (c) | Leitung Finanzierung (d) |
|---|---|---|---|---|---|
| 1 | Kundendienst | | | | |
| 2 | Investitionsentscheidungen | | | | |
| 3 | Forschung | | | | |
| 4 | Fertigungsplanung | | | | |
| 5 | Lagerkontrolle | | | | |
| 6 | Gewinnverteilung | | | | |
| 7 | Kapitalbeschaffung | | | | |
| 8 | Markterkundung | | | | |
| 9 | Bedarfsermittlung | | | | |
| 10 | Auftragsabwicklung | | | | |

**Qualifikationsaufgaben**

36  Wodurch wird die Gewinnhöhe eines Unternehmens beeinflußt?

37  Warum verzichten öffentliche Betriebe bei einem Großteil ihrer Leistungen auf das Ziel Gewinnmaximierung?

38  Wie kann ein privater Haushalt versuchen, die Maximierung des Nutzens zu erreichen?

39  Beschreiben Sie den Weg einer Jeans-Hose vom Rohstoff bis zum Konsumgut.


## 3. GRUNDLAGEN DES WIRTSCHAFTENS II

### 3.1 Gedächtnisaufgaben

1  Zu den öffentlichen Finanzwirtschaften werden gezählt:

   a) .................................................
   b) .................................................
   c) .................................................
   d) .................................................

2 Der Staat führt auch solche Aufgaben aus, die für private Unternehmen nicht ........................
sind.

3 Welche Merkmale betreffen    ⓐ  die öffentliche Wirtschaft?
                                 ⓑ  die private Wirtschaft?

| 1 Gewinnerzielung | | 5 Einsatz eigener Mittel | |
| 2 Zentraler Haushaltsplan | | 6 Bedarfsdeckung | |
| 3 Eigeninitiative | | 7 Individualpläne | |
| 4 Zwangabgaben | | 8 Gesamtinteresse | |

4 Immer mehr Kollektiv- und Einzelbedürfnisse werden heute durch den ........................
befriedigt.

5 Nennen Sie vier Aufgaben des Staates!   a) ........................
                                                b) ........................
                                                c) ........................
                                                d) ........................

6 Ergänzen Sie das Schema, indem Sie in die beiden Pfeile folgende Begriffe einsetzen: Löhne, Steuern, Gehälter, Beiträge, Zölle, Subventionen.

| Staat | ............... , ............... , ............... , | Private Wirtschaft |
| | ............... , ............... , ............... , | Private Haushalte |

7 Die Tauschbeziehungen zwischen Staat, Unternehmen und privaten Haushalten werden
als ........................ bezeichnet.

8 Die Summe aller wirtschaftlichen Beziehungen zwischen den einzelnen Volkswirtschaften bezeichnet
man als ........................ .

*Weiter im Informationsbuch*

### 3.2 Gedächtnisaufgaben

9 Um das Zusammenleben der einzelnen Wirtschaftssubjekte in einer hochindustrialisierten Massen-
gesellschaft zu ermöglichen, bedarf es einer ........................ ........................ .

10 Die Auflösung einer bestimmten Arbeitsleistung in Teilverrichtungen wird als ........................
bezeichnet.

11 Der erste Schritt einer volkswirtschaftlichen Arbeitsteilung wird dann erreicht, wenn sich jeder auf
die Tätigkeit ........................ ,die seinen persönlichen ........................ am
besten enspricht; diese Art der Arbeitsteilung wird als ........................ bezeichnet.

12 Zunehmende Technisierung und Spezialisierung brachten eine weitere volkswirtschaftliche Arbeitsteilung, die ........................ .

13 Innerhalb der Betriebe vollzieht sich die ........................ Arbeitsteilung.

14 Die technische Arbeitsteilung, auch als ........................ bezeichnet, hat die Auf-
spaltung bestimmter Tätigkeiten in Teilverrichtungen zum Ziel.

15 Ergänzen Sie folgendes Schema!

| Volkswirtschaftliche Arbeitsteilung | | Innerbetriebliche Arbeitsteilung | |
| ............... | ............... | ............... | ............... |

*Weiter im Informationsbuch*

### 3.3 Gedächtnisaufgaben

16   Der Markt ist der Ort, an dem sich ...................................... und ............................... treffen.

17   Über den Markt treten die ........................................................ miteinander in Beziehung.

18   Die Summe aller Güter und Dienste, die auf dem Markt angeboten wird, ist das .................................... .

19   Bedürfnisse werden nur dann zur Nachfrage, wenn sie mit ........................................................ versehen. sind.

20   Wird Ware getauscht, dann liegt ein ................................................................. vor.

21   Der Gütertausch wird durch das ............................... in zwei voneinander unabhängige Kauf- und Verkaufsgeschäfte zerlegt.

22   Die Entstehung einer ......................................................... Wirtschaft wird erst durch das Geld ermöglicht.

23   Welche fünf Funktionen kann das Geld erfüllen?

   a) ......................................................   d) .......................................................

   b) ......................................................   e) .......................................................

   c) ......................................................

24   Volkswirtschaftliches Kapital wird auch als ................................................................. bezeichnet.

25   Wird Geld in volkswirtschaftliches Kapital umgewandelt, dann wird dieser Vorgang als ................................................. bezeichnet.

26   Industrialisierung und Wohlstand eines Volkes werden stark durch die ................................................. und den ........................................... eines Volkes beeinflußt.

27   Die einzelnen Volkswirtschaften stehen in wechselseitiger ........................................................, da nicht alle Länder die gleichen Produkte herstellen können.

28   Durch die ....................................   ................................................................ kann es zu erhöhter Spezialisierung mit Abhängigkeit vom Ausland kommen.

$$\Downarrow$$

### Verständnisaufgaben

29   Eine moderne Volkswirtschaft wird durch folgende Merkmale gekennzeichnet:

   a) Bedürfnisse ..................... ◯    g) Selbstversorgung ........................... ◯
   b) Außenhandel ................. ◯    h) Arbeitsteilung ................................. ◯
   c) Preissteigerungen ......... ◯    i) Geldwesen ...................................... ◯
   d) Kapitalbildung ............... ◯    j) Geschlossene Hauswirtschaften ... ◯
   e) Tauschwirtschaft .......... ◯    k) Austausch über Märkte .................. ◯
   f) Rechtsordnung ............. ◯    l) Private Haushalte ............................ ◯

30   Welche Vorteile brachte die Arbeitsteilung?

   a) Verkürzung der Arbeitszeit ........................... ◯
   b) Gegenseitige Abhängigkeit ........................... ◯
   c) Höhere Produktivität ..................................... ◯
   d) Einsatzmöglichkeit von Maschinen ............. ◯
   e) Einseitige Kräftebeanspruchung ................. ◯

31 Ordnen Sie die Arten der Arbeitsteilung den entsprechenden Beispielen zu!

a) Berufsbildung
b) Berufsteilung
c) Internationale Arbeitsteilung
d) Abteilungsbildung
e) Arbeitszerlegung

1 Land A liefert an Land B Maschinen, .............
2 Ein Fließbandarbeiter macht ständig sich wiederholende Handgriffe, ....................
3 Die kaufmännische Verwaltung wird in Finanzwesen und Personalwesen aufgeteilt. ..
4 Die besonderen Fähigkeiten und Neigungen der Menschen ließen Grundberufe entstehen ..
5 Ein Unternehmen stellt Lohn- und Bilanzbuchhalter ein. ....................

32 Ordnen Sie die Geldfunktionen den entsprechenden Beispielen zu!

a) Tauschmittelfunktion

b) Zahlungsmittelfunktion

c) Wertmesserfunktion

d) Kreditmittelfunktion

e) Wertaufbewahrungsfunktion

1 Sie sparen monatlich DM 100,– für eine Stereo-Anlage. ....................
2 Sie kaufen ein Radiogerät und zahlen mit Bargeld. ....................
3 Sie überweisen dem Finanzamt die fälligen Steuern. ....................
4 Sie erhalten von einem Handwerker einen Kostenvoranschlag. ....................
5 Sie kaufen sich einen PKW und erhalten von der Bank die erforderlichen Mittel. ....................
6 Sie addieren die verschiedenen Vermögenswerte zu einem Gesamtbetrag. ....................
7 Sie erhalten von ihren Eltern ein monatliches Taschengeld. ....................

33 Prüfen Sie die Richtigkeit folgender Aussagen!

a) Zur Erhaltung und Ausweitung der Produktionsmöglichkeiten muß Geld gebildet werden ....... ○
b) Voraussetzung einer Kapitalbildung ist der Konsumverzicht und das Sparen ....................... ○
c) Die zukünftige Konsumgüterproduktion ist abhängig von der Sparfähigkeit und Spartätigkeit eines Volkes ....................................... ○
d) Die Umwandlung von Geld in Kapitalgüter wird als Produktion bezeichnet .................... ○
e) Investition ist die Umwandlung von Geld in Kapitalgüter .................................. ○

34 Welche wirtschaftlichen Gründe rechtfertigen die Außenhandelsbeziehungen einer Volkswirtschaft?

a) Beschaffung nicht vorhandener Güter ........................ ○
b) Beschaffung kostengünstigerer Güter ........................ ○
c) Streben nach wirtschaftlicher Unabhängigkeit .................. ○
d) Gewinnung von Absatzmärkten in Entwicklungsländern ............... ○
e) Export von Gütern unter den volkswirtschaftlichen Produktionskosten (Dumping-Preise) ........................ ○

35 Welche Faktoren kann der Mensch beeinflussen?

a) Wirtschaftsordnung
b) Klima
c) Geographische Lage
d) Bildungsstand

e) Bodenschätze
f) Bevölkerungszahl
g) Technischer Fortschritt
h) Rechtsordnung

36 Worauf kann die wirtschaftliche Überlegenheit einer Volkswirtschaft gegenüber anderen Volkswirtschaften zurückzuführen sein?

    a) Besserer Bildungsstand breiter Bevölkerungsteile ........................ O
    b) Intelligentere Bevölkerung ................................................ O
    c) Bessere Kapitalausstattung der Volkswirtschaft ............................ O
    d) Bessere Bodenqualität und besseres Klima ................................. O
    e) Bessere Naturaltauschbeziehungen .......................................... O

**Qualifikationsfragen**

37 Welche Faktoren beeinflussen das Konsumverhalten der privaten Haushalte?

38 Beurteilen Sie die Bedeutung des Staates als Wirtschaftsfaktor.

    Hinweis:    Staat als Umverteiler
                    Staat als Investor
                    Staat als Arbeitgeber
                    Staat als Schuldner
                    Staat als Nachfrager

39 Die Arbeitsteilung bedingt eine wechselseitige Abhängigkeit aller Wirtschaftsbereiche. Durch eine Störung wird der ablaufende Wirtschaftsprozeß erheblich behindert.

Schildern Sie die Auswirkungen auf die a) Automobilindustrie, b) Gesamtwirtschaft, wenn die Metallarbeiter in Zulieferbetrieben streiken.

## 4. ABLAUF DES WIRTSCHAFTSPROZESSES I

### 4.1 Gedächtnisaufgaben

1 Es wird zwischen technischen und ................................................................. Produktionsbegriff unterschieden.

2 Leistungskräfte, die durch ihr Zusammenwirken neue Güter und Dienste hervorbringen, werden als ....................................................... bezeichnet.

3 Im allgemeinen unterscheidet man drei Leistungskräfte:

    a) ...............................................

    b) ...............................................

    c) ...............................................

4 Faktor Boden und Faktor Arbeit werden als ............................................................... Produktionsfaktoren bezeichnet.

5 Faktor Kapital wird als ............................................................... Produktionsfaktor bezeichnet.

6 Eine andere Bezeichnung für den Faktor Kapital ist ............................................................
................................................................... .

7 Der Faktor Boden dient als:    a) .........................................
                                        b) .........................................
                                        c) .........................................

8 Entscheiden Sie, ob es sich um ⓐ allgemeine Standortfaktoren oder um ⓑ örtliche Standortfaktoren handelt.

1 Abgabenorientierter Standort ..............
2 Arbeitsorientierter Standort .................
3 Traditionsorientierter Standort ............
4 Bodenpreisorientierter Standort ..........
5 Absatzorientierter Standort ................
6 Energieorientierter Standort ...............

*Weiter im Informationsbuch*

## 4.2 Gedächtnisaufgaben

9 Arbeit im wirtschaftlichsten Sinne ist jede ............................................ und ............................................
Tätigkeit im Dienste der ............................................ .

10 Die Bevölkerungszahl einer Volkswirtschaft stellt das ............................................Arbeits-
potential dar; der Ausbildungsstand der Bevölkerung einer Volkswirtschaft stellt das
............................................ Arbeitspotential dar.

11 Die Arbeitsaufteilung erfolgt nach    a) Anforderung    b) Rechtsstellung
                                        c) Ausbildung     d) Weisungsgebundenheit

Ordnen Sie zu!    1 Selbständige Arbeit .....
                  2 Leitende Arbeit ............
                  3 Geistige Arbeit ............
                  4 Ungelernte Arbeit ........
                  5 Exekutive Arbeit .........
                  6 Kreative Arbeit ............

12 Die Ergiebigkeit der Arbeit wird durch die ............................................ gemessen.

13 Wie wird die Arbeitsproduktivität berechnet?

a) $\dfrac{\text{Ausbringung}}{\text{Leistung}}$    b) $\dfrac{\text{Leistung}}{\text{Kosten}}$    c) $\dfrac{\text{Ausbringung}}{\text{Arbeitsstunden}}$    d) $\dfrac{\text{Arbeitsstunden}}{\text{Ausbringung}}$

14 Die Arbeitsproduktivität wird bestimmt durch:

a) ............................................    b) ............................................    c) ............................................

15 Je besser die Kapitalausstattung, desto höher die ............................................ .

16 Der Kapitalausstattung wird zugeordnet:

Maschinen ○        Arbeitsentgelt ○        Werkzeuge ○        Betriebsklima ○

17 Durch das Zusammenwirken von Boden und Arbeit entsteht der Produktionsfaktor ............................................ .

18 Volkswirtschaftlich zählt alles zu Kapital, was nicht dem Konsum, sondern der ............................................
dient.

19 Die Ausstattung einer Volkswirtschaft mit Produktionsmittel wird als ............................................
bezeichnet.

20 Finanzierungsmittel für Investitionszwecke werden bezeichnet als:

Realkapital ○                Eigenkapital ○                Geldkapital ○

21 Was gehört zum volkswirtschaftlichen Kapitalbegriff?

Geldsumme ○            Realkapital ........................... ○
Eigenkapital ○          Erwerbskapital ..................... ○
Geldkapital ○           Produzierte Produktionsmittel ○

*Weiter im Informationsbuch*

## 4.3 Gedächtnisaufgaben

22 Das gemeinsame Einsetzen der 3 Produktionsfaktoren zur Gütererzeugung wird als „............................
............................ der ................................................................." bezeichnet.

23 Wer die drei Produktionsfaktoren zur Gütererzeugung einsetzt, ist ein ............................................... .

24 Ein Unternehmer ist gekennzeichnet durch:

Planung der Produktionsfaktorenkombination ................................... O
Substitution der Produktionsfaktorenkombination ............................ O
Finanzierung der Produktionsfaktorenkombination ........................... O
Beseitigung der Produktionsfaktorenkombination ............................. O
Durchführung der Produktionsfaktorenkombination .......................... O
Risikoübernahme der Produktionsfaktorenkombination .................... O

25 Das Sozialprodukt wird durch die Kombination der Produktionsfaktoren erzeugt. Was stellt das Sozialprodukt dar?

Wert aller Exporte und Importe einer Volkswirtschaft ................................. O
Wert aller Güter, die innerhalb eines Wirtschaftsjahres erzeugt wurden ................................. O
Gesamtergebnis der industriellen Tätigkeit eines Landes ................................. O
Wert aller Güter und Dienste, die innerhalb eines Wirtschaftsjahres erzeugt wurden ................... O

26 Gegenseitige Ersetzbarkeit von Produktionsfaktoren wird bezeichnet als:

Limitationalität O             Manipulation O
Substitution .... O            Investition ... O

27 Wird der Faktor Kapital teurer als der Faktor Arbeit, so wird der Faktor ........................................ durch den Faktor............................ ersetzt.

28 Wird der Faktor Kapital billiger als der Faktor Arbeit, so wird der Faktor ........................................ durch den Faktor .............................................. substituiert.

29 Für die Produktionsfaktoren besteht ..................................................., wenn der Einsatz dieser Faktoren in einem technisch unabänderlichen Verhältnis steht; die Faktoren können dann nicht ...................................... werden.

30 Der Faktor Arbeit wird bei der.......................................... Fertigung am stärksten eingesetzt; die kapitalintensivste Fertigung ist die ........................................................... .

31 Mit zunehmendem technischen Fortschritt steigt der Einsatz des Faktors ........................................ .

32 Das Anlegen von Geldkapital in Sachkapital heißt ............................................................... .

33 Öffentliche Investitionen betreffen          die Infrastruktur ............ O
                                              den Produktionsapparat O

34 Private Investitionen sind:          Maschinelle Anlagen O          Schulen . O
                                       Fabrikhallen ............. O          Straßen . O
                                       Sportplätze ............. O          Patente .. O

35 Ziele öffentlicher Investitionen sind:          a) ................................................................

                                                  b) ................................................................

   Ziele privater Investitionen sind:          a) ................................................................

                                               b) ................................................................

**Verständnisaufgaben**

36 Ordnen Sie die Grundfunktionen des Bodens den entsprechenden Beispielen zu.

a) Boden als Anbaufaktor

b) Boden als Abbaufaktor

c) Boden als Standortfaktor

Salzbergwerk ..............
Bank ..........................
Weingut .......................
Chemiebetrieb ..............
Versicherungsbetrieb ..
Verkehrsbetrieb ...........
Raffinerie ....................
Ölfelder .......................
Hüttenwerk ..................

37 Die Entwicklung des Ruhrgebietes war

a) traditionsbedingt .......... O
b) verkehrsbedingt .......... O
c) rohstoffbedingt ............. O
d) abgabenbedingt ........... O
e) bodenpreisbedingt ....... O

38 Welche Betriebe haben einen freien Standort?

a) Druckereien .................. O
b) Bergwerke .................... O
c) Speditionen ................. O
d) Zementfabriken ............ O
e) Versicherungen ............ O

39 In einem neu zu erschließenden Wohngebiet werden von der Stadt Straßen, Kanalisation, Schulen usw. gebaut. Wie wird diese Maßnahme bezeichnet?

a) Enteignung ................... O
b) Kolonisation .................. O
c) Sozialisierung ............... O
d) Infrastruktur ................. O
e) Kultivierung .................. O

40 Ordnen Sie die beiden Bestimmungsfaktoren der Arbeitsproduktivität den entsprechenden Beispielen zu!

a) Leistungsfähigkeit

b) Leistungsbereitschaft

Betriebsklima ..............
Arbeitserfahrung .........
Arbeitsengelt ...............
Begabung ....................
Leistungswillen ...........
Lebensalter .................
Moderne Maschinen ...

41 Was versteht man volkswirtschaftlich unter Kapital?

a) Werkzeuge eines Handwerksmeisters ...................... O
b) Werkzeuge eines Hobbybastlers...................... O
c) Geld auf dem Sparkonto ...................... O
d) Kraftfahrzeuge einer Kundendienstfirma ...................... O
e) Kraftfahrzeug eines Lehrers ...................... O

42 Welches sind Formen des Realkapitals?

    a) Lebensmittelvorräte eines Supermarktes ...................... ○
    b) Bohrmaschine eines Schülers ........................................ ○
    c) Fließband einer Bierbrauerei ........................................ ○
    d) Lagerbestände an unfertigen Erzeugnissen ................. ○
    e) Lebensmittelvorräte in einem Haushalt ......................... ○

43 Wie lange substituiert ein Unternehmer einen Faktor durch einen anderen Faktor?
    a) So lange, wie beide Faktoren gleiche Kosten verursachen ............................................. ○
    b) So lange, bis der billigere Faktor durch den teureren Faktor ersetzt wurde ............................. ○
    c) So lange, bis der Faktor Arbeit vollständig durch den Faktor Kapital substituiert wurde ........... ○
    d) So lange, wie ihm die Substitution eine Kostenersparnis bringt ......................................... ○
    e) So lange, bis die Kostenersparnis des ersten Faktors gleich ist dem Kostenzuwachs des
        zweiten Faktors. ........................................................................................ ○

▼

## Qualifikationsaufgaben

44 Nehmen Sie Stellung zu der Behauptung „Kapital ist vorgetane Arbeit".

45 Warum steigen die Bodenpreise stärker als die Preise für industrielle Erzeugnisse?

46 Die Forderung nach Humanisierung der Arbeit (= menschliches Gestalten der Arbeitsbedingungen)
    steht häufig im Widerspruch zur Ökonomisierung.

    a) Welche Zielkonflikte können hieraus für ein Unternehmen entstehen?
    b) Geben Sie Beispiele, wie diese Zielkonflikte für beide Seiten „gerecht" gelöst werden können.

47 Die Arbeitsproduktivität in den Industriestaaten ist viel höher als in den Entwicklungsländern. Liegt
    dies am größeren Fleiß und an der besseren Geschicklichkeit der Arbeiter in den Industriestaaten?

    Nehmen Sie Stellung hierzu!

## 5. ABLAUF DES WIRTSCHAFTSPROZESSES II

## 5.1 Gedächtnisaufgaben

1 Der Ort, an dem sich kaufkräftige .......................................... mit lieferfähigem .....................
   treffen, wird als .......................................... bezeichnet.

2 Alle Marktvorgänge sind ................................................................. .

3 Erst durch das Geld wurde eine allgemeine ................................................................................ am Markt
   ermöglicht.

4 Setzen Sie die ensprechende Marktart ein.

    a) Post, Wasserwerk               ...............................................Markt
    b) Notare, Ärzte, Reiseunternehmen     ...............................................Markt
    c) Grundstücke, Gebäude             ...............................................Markt
    d) Geld- und Kapitalvermittlung         ...............................................Markt

5 Nennen Sie vier Bestimmungsfaktoren des Angebots:

    a) ....................................................      c) ....................................................

    b) ....................................................      d) ....................................................

6 Welche Behauptung(en) ist (sind) richtig?

    a)  Je geringer der Preis, desto größer die Angebotsmenge ............ O
    b)  Je geringer der Preis, desto geringer die Angebotsmenge ......... O
    c)  Je höher der Preis, desto größer die Angebotsmenge ................ O

7 Reagieren die Anbieter eines Gutes auf Preisänderungen, so ist das Angebot ............................................ .

8 Ein Anbieter „flieht" ins Geld, wenn er     mit einer Preissenkung ..... O
                                               mit einer Preissteigerung . O

rechnet.

9 Die Summe aller mit ........................................... ausgestatteten Bedürfnisse, die auf dem Markt in Erscheinung tritt, wird ...................................... genannt.

10 Welche Faktoren beeinflussen die Kaufwilligkeit?

    Art des angebotenen Gutes ... O        Subjektive Nutzenerwartung ....... O
    Nachfrageelastizität ............... O         Angebotselastizität .................... O

11 Steigen die Preise bei elastischer Nachfrage, dann nimmt die nachgefragte Gütermenge
    überproportional zu ........ O
    überproportional ab ........ O

*Weiter im Informationsbuch*

## 5.2 Gedächtnisaufgaben

12 Die Zahl der ............................................ bestimmt das Marktverhalten.

13 Die Marktmacht nimmt mit zunehmender Zahl der Marktteilnehmer     zu. O
                                                                     ab. O

14 Bei Veringerung der Anzahl der Marktteilnehmer wird die Konkurrenz     eingeschränkt. O
                                                                      erweitert ...... O

15 Der freien Konkurrenzwirtschaft entspricht das ...................................... . Die Beschränkung auf einen Marktteilnehmer entspricht dem ...................................... . Die Marktbeherrschung durch wenige große Marktteilnehmer entspricht dem ...................................... .

16 Beim ...................................... wird der Preis durch einseitige Preisfestsetzung des konkurrenzlosen Anbieters gebildet.

    Reaktionen der Marktgegenseite und der Mitkonkurrenten beinflussen die Preisbildung beim ...................................... .

    Beim ...................................... wird der Preis durch die am Markt zusammentreffenden Anbieter und Nachfrager ausgehandelt.

17 Der Marktpreis ist ein ......................................, er bildet sich im Schnittpunkt von ...................................... und ......................................

18 Zum Marktpreis kann die ...................................... Warenmenge umgesetzt werden.

19 Ergänzen Sie die Darstellung, indem Sie die fehlenden Bezeichnungen eintragen:

    Angebotskurve, Nachfragekurve, Angebotsüberhang,
    Nachfrageüberhang, Preis, Menge

20  Ein Angebotsüberhang entsteht, wenn

a) Angebot > Nachfrage ....... ○
b) Angebot < Nachfrage ....... ○
c) Angebot = Nachfrage ....... ○

Ein Nachfrageüberhang entsteht, wenn

a) Nachfrage < Angebot ....... ○
b) Nachfrage > Angebot ....... ○
c) Nachfrage = Angebot ....... ○

21  Ist die Nachfrage < Angebot, so

a) steigt der Marktpreis ........ ○
b) sinkt der Marktpreis ......... ○

Ist das Angebot < Nachfrage, so

a) steigt der Marktpreis ........ ○
b) sinkt der Marktpreis ......... ○

*Weiter im Informationsbuch*

## 5.3  Gedächtnisaufgaben

22  Welche vier Funktionen erfüllt der Gleichgewichtspreis?

a)  ..................................          c)  ..................................

b)  ..................................          d)  ..................................

23  Der Preis erfüllt eine .................................., wenn er Güter miteinander vergleichbar macht.

Der Preis erfüllt eine .................................., wenn er die Anpassung der Produktion an den Bedarf regelt.

Der Preis erfüllt eine .................................., wenn er Angebot und Nachfrage zur Übereinstimmung bringt.

24  Der Preismechanismus bleibt bei ........................................ Eingriffen erhalten; bei ........................................ Eingriffen wird der Preismechanismus aufgehoben.

25  Die Preishöhe darf bei einem

........................................ nicht unterschritten werden........................... ○
........................................ nicht überschritten werden........................... ○
........................................ weder über- noch unterschritten werden..... ○

26  Greift der Staat bei Preisüber- bzw. bei Preisunterschreitung ein, dann spricht man von ...................... ........................................ .

27  Ist bei einem Preisstopp der Festpreis höher als der Marktpreis, dann entstehen
Überproduktion ○          Unterproduktion ○

Ist bei einem Preisstopp der Festpreis kleiner als der Marktpreis, dann entstehen
Überschußproduktion ○          Schwarze Märkte ○

## Verständnisaufgaben

28  Was ist ein homogener Markt

a) Die gehandelten Güter sind sehr unterschiedlich ........................................ ○
b) Es handelt sich nur um Konsumgüter ........................................ ○
c) Es handelt sich nur um Investitionsgüter ........................................ ○
d) Die gehandelten Güter unterscheiden sich nur in ihrer Beschaffenheit, nicht in Art und Güte . ○
e) Die gehandelten Güter weisen keinen Unterschied in Art, Güte und Beschaffenheit auf ......... ○

29 Welches sind Güter heterogener Märkte?

    a) Zement........... ○
    b) Biersorten ...... ○
    c) Kies .............. ○
    d) Rohöl ............. ○
    e) Automobile .... ○

30 Wie läßt sich ein homogener Markt in einen heterogenen Markt umwandeln?

    a) Durch Änderung der Preistgestaltung .................... ○
    b) Durch Änderung der Güte und Beschaffenheit ...... ○
    c) Durch Änderung des Marktzuganges .................... ○
    d) Durch gezielte Werbemaßnahmen .................... ○
    e) Durch Schaffung persönlicher Präferenzen ........... ○

31 Überprüfen Sie die Richtigkeit der folgenden Aussagen.

    a) Die Reaktionen der Angebotsmenge auf eine Veränderung des Preises wird durch die Nachfrageelastizität ausgedrückt ..................................................................................... ○
    b) Je geringer der Marktpreis eines Gutes, desto größer die Angebotsbereitschaft der Anbieter. ○
    c) Der Verkaufspreis muß die Produktionskosten decken ..................................................... ○
    d) Ist der Marktpreis niedriger als die Produktionskosten, dann wird die Produktion eingestellt ... ○
    e) Gibt es mehrere Anbieter, so muß das Verhalten der Konkurrenzanbieter in der Angebotsstrategie berücksichtigt werden ....................................................................................... ○

32 Welche Aussage beinhaltet der Begriff „Marktform"?

    a) Die Art der Verhaltensweise der Anbieter ................................................................. ○
    b) Die Art der Verhaltensweise der Nachfrager ............................................................ ○
    c) Die Struktur der Unternehmensgrößen eines Wirtschaftszweiges ............................... ○
    d) Die Angebots- und Nachfragestruktur auf einem bestimmten Markt ............................ ○
    e) Die Struktur der Käuferschichten nach Alter, Geschlecht, Beruf usw. ......................... ○

33 Prüfen Sie die Richtigkeit der Aussagen.

    a) Beherrschen wenige starke Marktteilnehmer den Markt, so spricht man von Polypol ........... ○
    b) Das Oligopol entspricht der freien Konkurrenzwirtschaft ............................................ ○
    c) Ein Polypolist besitzt alle Marktanteile; er kennt keine unmittelbare Konkurrenz ................. ○
    d) Ein Monopolist hat um so mehr Marktmacht je weniger Substitutionsgüter auf dem Markt angeboten werden .......................................................................................................... ○
    e) Die Gefahr des Machtmißbrauchs ist beim Oligopol am größten .................................. ○

34 Ordnen Sie die Marktformen den entsprechenden Aussagen zu.

    a) Polypol    1  Die Macht der einzelnen Marktteilnehmer ist begrenzt, da der Unternehmensspielraum eines Anbieters von der Gegenreaktion seiner Konkurrenten eingeschränkt wird.

    b) Oligopol

    c) Monopol    2  Die Gefahr des Machtmißbrauchs ist besonders groß. Die Anwendung des technischen Fortschritts ist nicht immer gewährleistet. .....

            3  Der Einfluß jedes einzelnen Anbieters bzw. Nachfragers ist so gering, daß der Preis als gegebene Marktgröße hingenommen werden muß. .............

35 Ordnen Sie die Marktteilnehmer den entsprechenden Marktformen zu.

    a) Krankenhäuser als Nachfrager für Spezialgeräte    1  Angebotsoligopol ................
    b) Staat als Käufer von Kampfflugzeugen    2  Nachfragepolypol ................
    c) Automobilindustrie    3  Angebotsoligopol ................
    d) Bundesbahn    4  Angebotsmonopol ................
    e) Mineralölfirmen    5  Nachfrageoligopol ................
    f) Nahrungsmittelkonsumenten    6  Nachfragemonopol .............

36   Prüfen Sie die Richtigkeit der Aussagen.

   a) Der Marktpreis wird vom Anbieter bestimmt ................................................. O
   b) Der Marktpreis ist ein Gleichgewichtspreis; zu diesem Preis ist der Umsatz am größten ......... O
   c) Anbieter und Nachfrager bestimmen den Marktpreis ........................................ O
   d) Im Schnittpunkt von Angebots- und Nachfragekurve gibt es weder einen Nachfrage-
      noch einen Angebotsüberhang .......................................................... O
   e) Der Marktpreis ist ein vom Staat vorgeschriebener Höchstpreis ............................ O

37   Überprüfen Sie die Aussagen über den Marktmechanismus.

   a) Bei sinkenden Preisen steigt die Angebotsmenge ........................ O
   b) Bei sinkender Angebotsmenge sinken die Preise ........................ O
   c) Bei steigenden Preisen sinkt die nachgefragte Menge ................... O
   d) Bei steigendem Angebot sinken die Preise ............................ O
   e) Steigt die Produktion stärker als die Nachfrage, dann
      sinken die Preise ................................................... O

## Qualifikationsaufgaben

38   In einer Marktwirtschaft hat der Marktpreis eine Gleichgewichts- und Lenkungsfunktion.
     Schildern Sie, wie durch die Funktionen des Marktpreises

   a) weniger kaufkräftige Nachfrager
   b) bestimmte Anbieter

     ausgeschaltet werden.

39   In den EG-Ländern entstehen für landwirtschaftliche Erzeugnisse ständig Produktionsüberschüsse.
     Obst wird vernichtet, Butterberge werden abgebaut, indem die Butter zu ‚Schleuderpreisen' an Nicht-
     EG-Länder verkauft wird, Bauern erhalten Schlachtprämien für Kühe, um den Milchpulverberg
     abzubauen usw.

     Worin liegt die Ursache dieser Schwierigkeiten?
     Nehmen Sie hierzu kritisch Stellung.

40   In einer sozialen Marktwirtschaft hat der Staat die Aufgabe, für Wettbewerb zu sorgen und diesen
     zwischen den Anbietern funktionsfähig zu halten.

     Beurteilen Sie, welche Aufgaben der Wettbewerb zu erfüllen hat.
     Welche Voraussetzungen sollen vorliegen, damit der Wettbewerb funktionieren kann?

## 6.   ÄNDERUNGEN DES WIRTSCHAFTSPROZESSES

### 6.1  Gedächtnisaufgaben

1   Die gesamtwirtschaftliche Entwicklung unterliegt Veränderungen durch Produktion, ...........................
    und .................................. .

2   Jahreszeitlich bedingte kurzfristige Wirtschaftveränderungen heißen ...............................................
    Schwankungen.

    Rhythmisch wiederkehrende Veränderungen des Wirtschaftsablaufs heißen ..............................

    Der langfristige Wachstumpfad der Wirtschaft wird ................................... genannt.

3 Konjunkturschwankungen betreffen

die gesamte Wirtschaft ............................. ○
nur Teilbereiche der Wirtschaft ............... ○

Saisonale Schwankungen betreffen

die gesamte Wirtschaft ............................. ○
nur Teilbereiche der Wirtschaft ............... ○

4 Setzen sie folgende Begriffe in die graphische Darstellung ein:

Zeit in Jahren, Sozialprodukt, Konjunkturschwankung, saisonale Schwankung, Trend

5 Konjunktur ist eine

schlechte Wirtschaftslage ................................. ○
witterungsbedingte Wirtschaftveränderung ............. ○
mittelfristige Wirtschaftsschwankung .................... ○
langfristige Wirtschaftsentwicklung ...................... ○

6 Der Konjunkturverlauf läßt sich in einzelne ................................................. aufteilen.

7 Wie heißen die vier Teilbereiche des Konjunkturverlaufs in der richtigen Reihenfolge?

a) ...........................................................

b) ...........................................................

c) ...........................................................

d) ...........................................................

8 Der Übergang von der Hochkonjunktur zum Abschwung heißt ........................................ .

9 Welche Begriffe gehören zusammen?

a) Aufschwung          1 Rezession ......
b) Tiefstand            2 Boom ..............
c) Abschwung           3 Expansion ......
d) Höchststand         4 Depression ....

10 Die Aufeinanderfolge der 4 Konjunkturphasen wird als ...................................... bezeichnet.

11 Typische Merkmale der Aufschwungsphase sind:

Kapazitätsauslastung ...................... ○          zunehmende Kapazitätsauslastung ............... ○
Arbeitskämpfe ............................ ○          steigende Gewinnerwartungen .................... ○

12 Typische Merkmale des Booms sind:

Voll- bzw. Überbeschäftigung ................... ○          kurze Lieferzeiten ................................ ○
Kapazitätsauslastungen ........................ ○          Lohn- und Preissteigerungen ............... ○

13 Typische Merkmale einer Rezession sind:

Kurzarbeit ................................... ○          Überbeschäftigung ........................... ○
Umsatzsteigerung ......................... ○          Neuinvestitionen .............................. ○

14 Typische Merkmale einer Depression sind:

Überfüllte Lager .......................... ○          Vollbeschäftigung ........................... ○
Betriebsstillegungen ..................... ○          Massenarbeitslosigkeit ..................... ○

*Weiter im Informationsbuch*

## 6.2 Gedächtnisaufgaben

15  Ein Überversorgung der Wirtschaft mit Geld wird als .................................... bezeichnet.

16  Ist die gesamtwirtschaftliche Nachfrage nach Gütern und Diensten größer als das ............................ , so entsteht eine ..................................... .

17  Eine Inflation ist gekennzeichnet durch:

| | |
|---|---|
| Sinkendes Preisniveau .................................... O | Steigendes Preisniveau ................. O |
| Kaufkrafterhöhung ......................................... O | Kaufkraftverringerung ................... O |

18  Bei einer Inflation ist:

Güterangebot = Geldmenge ......................... O
Güterangebot > Geldmenge ......................... O
Güterangebot < Geldmenge ......................... O
Güterangebot > Güternachfrage ................ O
Güterangebot < Güternachfrage ................ O

19  Um welche Inflationsart handelt es sich? Ordnen Sie zu!

a) offene Inflation  1  Preissteigerungsraten liegen bei über 10 %
b) verdeckte Inflation  2  Preissteigerung wird durch Preisstopp nicht sichtbar
c) schleichende Inflation  3  Preissteigerungen sind für alle erkennbar
d) galoppierende Inflation  4  Preissteigerungen sind niedrig, aber langanhaltend

20  Eine Unterversorgung der Wirtschaft mit Geld wird als ........................................... bezeichnet. Sie entsteht, wenn das ..................................... an Gütern und Diensten größer ist als die gesamtwirtschaftliche Nachfrage.

21  Eine Deflation ist gekennzeichnet durch:

| | |
|---|---|
| Steigendes Preisniveau .................................... O | Sinkendes Preisniveau ................... O |
| Kaufkrafterhöhung ......................................... O | Kaufkraftrückgang .......................... O |

22  Bei einer Deflation ist:

Güterangebot = Geldmenge ......................... O
Güterangebot > Geldmenge ......................... O
Güterangebot < Geldmenge ......................... O
Güterangebot > Güternachfrage ................ O
Güterangebot < Güternachfrage ................ O

23  Eine offene Deflation ist gekennzeichnet durch

starre Preise und Löhne ................. O          Preis- und Lohnsenkungen ............. O

*Weiter im Informationsbuch*

## 6.3 Gedächtnisaufgaben

24  Eine moderne Volkswirtschaft steuert sich nicht automatisch und allein über den ............................ ........................, dem Gesetz von Angebot und Nachfrage. In den Wirtschaftsablauf müssen ............... und ........................................... aktiv eingreifen.

25  Die Beeinflussung bestimmter Wirtschaftszweige ist Aufgabe der .................................. Wirtschaftspolitik.

Die Gestaltung des Wirtschaftssystems und der Wirtschaftsverfassung ist Aufgabe der ...................... ............................................. .

Die Beeinflussung der gesamtwirtschaftlichen Entwicklung durch geld- und steuerpolitische Maßnahmen ist Aufgabe der ............................................... .

Die Beeinflussung aller Wirtschaftszweige in einem bestimmten Gebiet ist Aufgabe der ...................... ..................................... Wirtschaftspolitik.

26 Welches sind die vier Hauptziele der Wirtschaftspolitik?

a) ......................................................          c) ......................................................

b) ......................................................          d) ......................................................

27 Diese vier Ziele schließen sich z. T. gegenseitig aus. Ein ..................................... Erreichen dieser Ziele ist kaum realisierbar.

28 Die Rangordnung der Ziele wird durch die ..................................................... zwischen den Gruppen in einer Volkswirtschaft bestimmt.

29 Werden mehrere wirtschaftspolitische Hauptziele gleichzeitig angestrebt, so kommt es zu .................. ........................................... .

30 Unter Wirtschaftswachstum ist die stetige Zunahme des um Preissteigerungen bereinigten .............. ..................................... zu verstehen.

31 Eine hohe Sparrate zur Investitionsfinanzierung ist die Grundlage für ein stetiges ........................... ........................... .

32 Was ist unter Preisniveaustabilität zu verstehen?

Die Einzelpreise sollen im Zeitablauf unverändert bleiben ................................................... O

Der Durchschnitt aller Preise soll im Zeitablauf unverändert bleiben ................................... O

Die Preise einzelner Güter können sich ändern, der Durchschnitt aller Preise soll jedoch unverändert bleiben ................................................................................................... O

33 Um eine gerechte Einkommens- und Vermögensverteilung zu erreichen, müssen alle Wirtschaftssubjekte angemessen am Zuwachs des ................................................. beteiligt werden.

34 Konjunkturpolitik ist die Summe aller Maßnahmen zur Steuerung des .................................... .

35 Konjunkturelle Steuerungsmaßnahmen werden durchgeführt von:

.....................................          .....................................

36 Welche Maßnahmen ergreift der Staat zur Konjunktursteuerung?

monetäre Maßnahmen .................. O          steuerpolitische Maßnahmen .............. O

fiskalpolitische Maßnahmen .................. O

37 Den Rahmen einer modernen Konjunkturpolitik bildet das ........................................ .

38 Die Bundesbank

hat das Recht der Geldausgabe (Notenausgabe) ............ O

bestimmt die Ausgaben der öffentlichen Haushalte ......... O

versorgt die Wirtschaft mit Geld ................................... O

sorgt für Geldwertstabilität ......................................... O

**Verständnisaufgaben**

39 Kennzeichen konjunktureller Schwankungen ist (sind):

a) Unterschiedliche Entwicklungstendenzen einzelner Wirtschaftsgebiete ..................... O

b) Langfristige Störungen einzelner Wirtschaftsbereiche ....................................... O

c) Kurzfristige Beschäftigungsschwankungen ..................................................... O

d) Mittelfristige, wiederkehrende Wechsellagen der Gesamtwirtschaft ...................... O

e) Langfristige Entwicklungstendenzen im Wirtschaftsablauf ................................. O

40 Überprüfen Sie, welche der folgenden Beispiele konjunkturelle Erscheinungen darstellen.

    a) Die Zahl der Auszubildenden im Dienstleistungssektor steigt gegenüber den
       Ausbildungsplätzen in der Industrie ................................................................. ◯
    b) Die Preise (Lebenshaltungskosten) sind in diesem Jahr um 5 % gestiegen .......... ◯
    c) Die Lohnkosten sind gegenüber dem Vorjahr um 8 % gestiegen ........................ ◯
    d) 300.000 offene Stellen stehen 900.000 Arbeitslosen gegenüber........................ ◯
    e) Die Brotpreise stiegen gegenüber dem Vorjahr um 14 % ................................. ◯

41 Welche der folgenden Beispiele betreffen nur Teilbereiche der Wirtschaft ⓐ bzw. die Gesamt-
    wirtschaft ⓑ ?

    1 Ernteschwankungen ...............................................
    2 Steigen der Masseneinkommen ...........................
    3 Überproduktion an Kapitalgütern .........................
    4 Veränderung der Bedarfsstruktur .........................
    5 Rückgang des internationalen Handels .................
    6 Steigendes Sparbedürfnis der Bevölkerung ...........
    7 Rückgang der Kohleförderung durch verstärkte Ölimporte ...........
    8 Arbeitsintensive Produktion wird ins billigere Ausland verlagert ....

42 Ordnen Sie die Konjunkturphase den entsprechenden Beispielen zu.

    a) Konjunkturaufschwung
    b) Konjunkturabschwung

     1 Zunehmende Vollbeschäftigung .....................
     2 Rege Kreditnachfrage ...................................
     3 Lohn-Preis-Spirale ......................................
     4 Sinkendes Steueraufkommen .......................
     5 Güterangebot > Güternachfrage ...................
     6 Güternachfrage > Güterangebot ...................
     7 Rückgang der Unternehmerinitiative ...............
     8 Überhöhte Lohnforderungen .........................
     9 Steigerung der Nachfrage nach Luxusgütern ...
    10 Zunahme des politischen Radikalismus ...........
    11 Nachlassen der allgemeinen Bautätigkeit ........

43 Welche Auswirkungen hat eine Inflation?

    a) Schuldner werden begünstigt, da der reale Wert der zurückzuzahlenden Kredite steigt ......... ◯
    b) Schuldner werden begünstigt, da der reale Wert der zurückzuzahlenden Kredite sinkt ........ ◯
    c) Gefährdung der sozialen Sicherheit und der sozialen Gerechtigkeit ........................ ◯
    d) Sparer und Gläubiger werden begünstigt, da der reale Wert ihrer Ersparnisse/
       Darlehen steigt ........................................................................................... ◯
    e) Sparer und Gläubiger werden benachteiligt, da der reale Wert ihrer Ersparnisse/
       Darlehen sinkt ............................................................................................ ◯

44 Welche Auswirkungen hat eine Deflation?

    a) Steigende Auslastung der Produktionskapazität ................................ ◯
    b) Unterbeschäftigung bis hin zur Massenarbeitslosigkeit .................... ◯
    c) Gefahr der politischen Radikalisierung ............................................ ◯
    d) Flucht in die Sachwerte ................................................................. ◯
    e) Begünstigung von Sparern/Gläubigern durch Höherbewertung
       der Ersparnisse/Darlehen .............................................................. ◯

45 Überprüfen Sie die Aussagen über die Voraussetzungen des Wirtschaftswachstums.

    a) Der Bildungsstand der Bevölkerung übt keinen Einfluß auf das Wirtschaftswachstum aus ...... ◯
    b) Der Stand des technischen Fortschritts und der Infrastruktur sind entscheidende
       Voraussetzungen ......................................................................................... ◯

c) Eine geringe Sparrate bei hohen Konsumausgaben ist eine gute Voraussetzung für stetiges Wirtschaftswachstum ................................................................................................ ○

d) Je höher die Sparrate für Investitionsfinanzierung desto besser sind die Voraussetzungen für Wirtschaftswachstum ............................................................................................ ○

e) Steigt das Bruttosozialprodukt nominal um 4 % bei gleichzeitigem Steigen des Preisniveaus um ebenfalls 4 %, so ist ein reales Null-Wachstum zu verzeichnen .................. ○

### Qualifikationsaufgaben

46 In der konjunkturellen Aufschwungsphase ‚schaukeln' sich Produktion und Nachfrage gegenseitig hoch. Beschreiben und begründen Sie diesen Prozeß des Aufschaukelns.

47 Beschreiben Sie die allgemeine wirtschaftliche Stimmung

a) im Aufschwung         b) in der Rezession

Geben Sie entsprechende Beispiele.

48 Eine Inflation ist häufig durch eine Flucht in die Sachwerte gekennzeichnet.

Nennen Sie hierzu geeignete Sachwerte.

Begründen Sie obige Behauptung.

49 Erörtern Sie folgende Zielkonflikte:

1 Vollbeschäftigung und Geldwertstabilität
2 Geldwertstabilität und Wirtschaftswachstum
3 Wirtschaftswachstum und Umweltschutz

## 7. WIRTSCHAFTSKREISLAUF

### 7.1 Gedächtnisaufgaben

1 Für die Kreislaufdarstellung werden gleichartige Wirtschaftssubjekte zu ...................................................... zusammengefaßt.

2 Nennen Sie drei dieser zusammengefaßten Größen!
.............................................     .............................................     .............................................

3 Die gegenseitigen Beziehungen aller ökonomischen Leistungen und Gegenleistungen werden durch den ...................................................... dargestellt.

4 Dem Warenstrom fließt ein ...................................................................................... entgegengesetzt; dem Faktor Arbeit fließt ........................................................................................................ entgegengesetzt.

5 Die privaten Haushalte stellen im Kreislaufsystem den Unternehmen ihren Faktor .............................. zu Verfügung und erhalten als Gegenleistung ................................................................. .

6 Von den Unternehmen fließt ein ................................................................ zu den privaten Haushalten; als Gegenleistung fließen die Konsumausgaben der privaten Haushalte an die Unternehmen zurück.

7 In einer wachsenden Wirtschaft werden nicht alle Einkommensteile für .......................................... ausgegeben. Über den Konsumverzicht fließen den Banken ............................................ zu. Damit können die Banken den Unternehmen Kredite zur Finanzierung von ........................................ geben.

8    Setzen Sie die fehlenden Geldströme in das Schema ein.

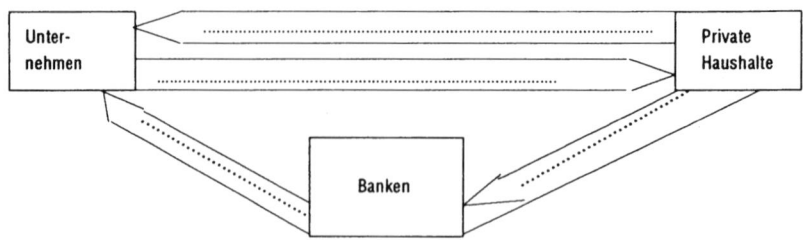

9    Ist die Ersparnisbildung gleich der Investitionsbildung, dann befindet sich die Volkswirtschaft im

..................................................... .

10   Werden mehr Güter exportiert als importiert, dann können in der Volkswirtschaft weniger ........... ○
     mehr ........... ○          Güter investiert und ..................................... werden.

11   Können in einer Volkswirtschaft mehr Güter investiert und konsumiert werden als hergestellt wurden,
     dann sind die        Importe < Exporte ....... ○        Importe > Exporte ........ ○
     Importe = Exporte .......... ○

12   Setzen Sie die fehlenden Geldströme ein.

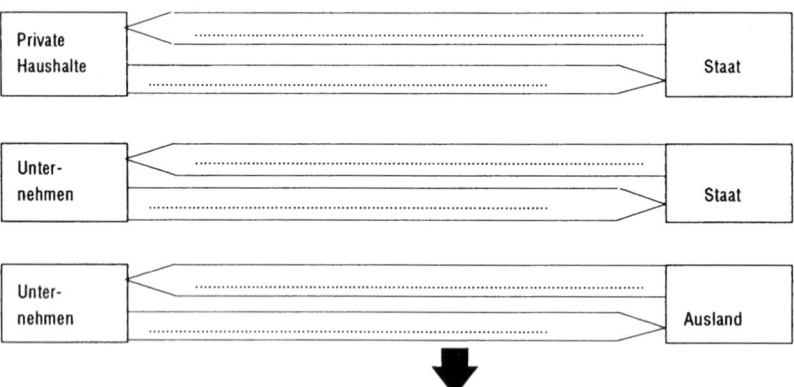

**Verständnisaufgaben**

13   Ordnen Sie die Sektoren a–e den entsprechenden Beispielen zu!

a) Private Haushalte                 1    Gemeindehaushalt ...........
b) Private Unternehmen               2    Entwicklungshilfe .............
c) öffentliche Haushalte             3    Konsumgüterproduktion ...
d) Banken                            4    Rohölimporte ...................
e) Ausland                           5    Arbeitslosenversicherung .
                                     6    Bundespost......................
                                     7    Junggesellenhaushalt .......
                                     8    Kreditinstitut ...................
                                     9    Altenwohnheim .................
                                    10    Bundeswehr ...................

14 Entscheiden Sie, ob es sich um Staatseinnahmen oder um Staatsausgaben handelt.

| | | Staatseinnahmen (a) | Staatsausgaben (b) |
|---|---|---|---|
| 1 | Subventionen | | |
| 2 | Sparprämien | | |
| 3 | Rentenversicherungsbeiträge | | |
| 4 | Umsatzsteuer | | |
| 5 | Beamtenbesoldung | | |
| 6 | Lohnsteuer | | |
| 7 | Öffentliche Investitionen | | |
| 8 | Wohngeldzuschuß | | |
| 9 | Kindergeld | | |
| 10 | Kriegsopferfürsorge | | |
| 11 | Arbeitslosenhilfe | | |

15 Entscheiden Sie, ob es sich in den folgenden Fällen um (a) einseitige Geld-/Güterströme (b) zweiseitige Geld-/Güterströme handelt.

1 Eine kinderreiche Familie erhält Wohngeldzuschuß ......
2 Die Kosten eines Fortbildungslehrganges werden vom. Arbeitsamt getragen .............
3 Ein Rentner erhält Heizkostenzuschuß .............
4 Der Staat erteilt einen Forschungsauftrag.............
5 Ein Unternehmen kauft Rohstoffe .............
6 Ein Unternehmer exportiert Maschinen .............
7 Ein Unternehmer zahlt Gewerbesteuer .............

16 Wie machen sich folgende wirtschaftliche Transaktionen im Kreislaufschema bemerkbar? Tragen Sie jeweils den betroffenen Sektor ein, in welchem die Transaktion zur Einnahme bzw. zur Ausgabe wird.

| | Wirtschaftliche Transaktion | Einnahmen im Sektor | Ausgaben im Sektor |
|---|---|---|---|
| 1 | Arbeitsamt zahlt Umschulungskosten | | |
| 2 | Unternehmen erhalten staatliche Förderungen | | |
| 3 | Deutsche Familie macht Urlaub in Spanien | | |
| 4 | Kauf einer Wohnungseinrichtung über Bankkredit | | |
| 5 | Ein Arbeitnehmer spart auf Sparbuch | | |
| 6 | Ein Unternehmen exportiert optische Geräte | | |
| 7 | Gastarbeiter schicken Geld nach Hause | | |
| 8 | Staat gewährt Entwicklungshilfe | | |

**Qualifikationsaufgaben**

17 In einer Volkswirtschaft haben die gesamtwirtschaftlichen Kreislaufgrößen folgende Werte:

| Einkommen der privaten Haushalte | 360 |
|---|---|
| Private Konsumausgaben | 210 |
| Kredite an Unternehmen zu Investitionsfinanzierungen | 80 |
| Verkäufe an das Ausland (Export) | 70 |
| Käufe aus dem Ausland (Import) | 90 |

| | |
|---|---|
| Staatsausgaben für Güter und Dienste | 85 |
| Subventionen des Staates | 60 |
| Unentgeltliche Leistungen des Staates an private Haushalte | 10 |
| Steuern der privaten Haushalte (direkte Steuern) | 65 |
| Steuern der Unternehmen (indirekte Steuern) | 55 |
| Sparen der privaten Haushalte | 95 |

Erstellen Sie ein Kreislaufschema und tragen Sie die vorgegebenen Werte ein.

Überprüfen Sie, ob sich jeder Sektor im Gleichgewicht befindet.

Die Summe der Geldeingangsströme muß gleich sein der Summe der Geldausgangsströme.

Wie hoch muß die staatliche Kreditaufnahme sein, damit der Sektor Staat ausgeglichen ist?

18  Welche Erkenntnisse liefert die schematische Kreislaufdarstellung für volkswirtschaftliche Betrachtungen?


## 8.  WIRTSCHAFTSORDNUNG UND WIRTSCHAFTSSYSTEM

### 8.1 Gedächtnisaufgaben

1  Der rechtliche und organisatorische Rahmen einer Volkswirtschaft wird als ................................. bezeichnet.
Diese besteht aus drei Teilbereichen:  a) .......................................................
b) .......................................................
c) .......................................................

2  Eine Wirtschaftsordnung

setzt die Höhe der staatlichen Subventionen fest ..................................  O
entscheidet über Art und Menge der Produktion ..................................  O
entscheidet, wer produziert, wer konsumiert ..................................  O
stimmt die wirtschaftlichen Einzelpläne gegenseitig ab .........................  O

3  Ergänzen Sie das folgende Schema

4  In einer reinen ................................................. ist der Mensch ein Sozialwesen; er ist Staat und Gesellschaft untergeordnet. Diese Unterordnung des einzelnen wird als ................................. bezeichnet.

5  Die beiden Grundprinzipien der Wirtschaftsordnung

haben nur Modellcharakter .........................................  O
existieren nur in der Realität ....................................  O
kommen in der Wirklichkeit nicht vor .........................  O

6 In einer reinen Marktwirtschaft unterwirft sich der Staat den Spielregeln des ........................................ .

7 In einer reinen Marktwirtschaft dient als automatischer Steuerungsmechanismus das Gesetz ............
...................................... .

8 Durch den Marktmechanismus kommt es auf den einzelnen Märkten zum Ausgleich.

Der Zins reguliert den ...................................... .
Der Lohn reguliert den ...................................... .
Der Preis reguliert den ...................................... .

9 Was trifft auf eine reine Marktwirtschaft zu?

Der Verbrauch der privaten Haushalte wird vom Staat bestimmt ...................... O
Die privaten Haushalte planen den Verbrauch selbständig ............................... O
Die Unternehmen erhalten vom Staat Produktionsziele ................................. O
Die Unternehmen planen ihre Produktion selbständig ................................. O

10 Welche Merkmale betreffen eine reine Marktwirtschaft?

| | | | |
|---|---|---|---|
| Konkurrenzprinzip .............. | O | Konsumfreiheit ................. | O |
| Privateigentum ................... | O | Planerfüllung ................... | O |
| Vertragsfreiheit ................. | O | Freie Berufswahl .............. | O |

*Weiter im Informationsbuch*

## 8.2 Gedächtnisaufgaben

11 In einer reinen Zentralverwaltungswirtschaft plant der Staat die ........................................ und den
...................................... .

12 Als zentrales Steuerungsinstrument einer Zentralverwaltungswirtschaft dient eine staatliche
...................................... .

13 Betriebe in einer Zentralverwaltungswirtschaft erhalten vorgegebene ...................................... ,
private Haushalte in einer Zentralverwaltungswirtschaft erhalten vorgegebene ...................................... .

14 Welche Merkmale betreffen eine reine Zentralverwaltungswirtschaft?

Unternehmen entscheiden selbständig über die Güterpreise ......................... O
Betriebe planen die Produktion, Haushalte den Verbrauch ......................... O
Hauptziel der Betriebe ist die staatliche Planerfüllung ........................... O
Trotz vorgegebener Produktionspläne können die Betriebe selbständig
über Produktionsmenge und Güterpreis entscheiden ....................... O
Es gibt keine Unternehmer und keine Unternehmen; es gibt nur
Betriebe als Produktionsstätte mit staatlicher Planerfüllung ........................... O

15 Bringen Sie die 5 realtypischen Wirtschaftsformen in eine Reihenfolge nach dem Gesichtspunkt
wachsenden Staatseinflusses, indem Sie die Zahlen 1–5 einsetzen.

| | |
|---|---|
| Sozialistische Marktwirtschaft ........................ | |
| Wirtschaftsliberalismus ................................. | |
| Früheres sozialistisch-sowjetisches System ..... | |
| Sozialistische Planwirtschaft ......................... | |
| Soziale Marktwirtschaft ................................ | |

16 Dem Modell der reinen Marktwirtschaft kam der ...................................... am nächsten.

*Weiter im Informationsbuch*

## 8.3 Gedächtnisaufgaben

17 Das Wirtschaftssystem der Bundesrepublik Deutschland wird als ........................ ................................ bezeichnet.

18 Das Wirtschaftssystem der Bundesrepublik verbindet das ...............................Prinzip mit den Forderungen nach sozialer ........................................ und sozialem ........................... .

19 Welche Aufgaben kommen (a) den privaten Haushalten (b) den Unternehmen in einer sozialen Marktwirtschaft zu?

Gewinnmaximierung ......
Konsumplanung ............
Nutzenmaximierung .......
Produktionsplanung .......

20 Welche der folgenden Ziele kennzeichnen eine soziale Marktwirtschaft?

Gerechte Einkommens- und
Vermögensverteilung ............................ O
Gesellschaftliche Nutzenmaximierung ... O
Erhaltung des Preismechanismus .......... O

Planerfüllung ...................... O
Soziale Sicherheit .............. O
Chancengleichheit .............. O

21 Ideologische Grundlage des Wirtschaftssystems der DDR war der .................................................
........................................ .

22 Hauptziel der sozialistischen Gesellschaftspolitik war die Übertragung der Produktionsmittel in ........................................ Eigentum.

23 Die DDR-Volkswirtschaft war ein

sozialistisch, zentral gesteuertes Wirtschafts-
und Gesellschaftssystem .................................... O
sozialistisch, dezentral gesteuertes Wirtschafts-
und Gesellschaftssystem .................................... O

## Verständnisaufgaben

24 Ordnen Sie die folgenden Merkmale den entsprechenden Wirtschaftssystemen zu.

| | | Reine Zentral-verwaltungs-wirtschaft (a) | Reine Markt-wirtschaft (b) |
|---|---|---|---|
| 1 | Staatliche Lohn- und Preisfestsetzung | | |
| 2 | Steuerung der Berufs- und Arbeitsplatzwahl | | |
| 3 | Preisbildung durch das Gesetz von Angebot und Nachfrage | | |
| 4 | Staatliche Regulierung des Außenhandels | | |
| 5 | Recht auf Eigentum an Produktionsmitteln | | |
| 6 | Preisfestsetzung nach politischen Erwägungen | | |
| 7 | Wettbewerbsfreiheit | | |
| 8 | Regelung des Arbeitsmarktes über den Lohn | | |
| 9 | Koordinierung aller Wirtschaftszweige | | |
| 10 | Völliges Unterordnen des einzelnen zugunsten des Gemeinwohls | | |

25 Es gibt systemdifferente (systemabhängige) Merkmale und systemindifferente (systemunabhängige) Merkmale.

Ordnen Sie zu!

| Merkmale | System-different ⓐ | System-indifferent ⓑ |
|---|---|---|
| 1  Kombination der Produktionsfaktoren | | |
| 2  Gewinnmaximierung | | |
| 3  Freie Unternehmerentscheidung | | |
| 4  Knappheitsminderung | | |
| 5  Preiswettbewerb | | |
| 6  Privatinitiative | | |
| 7  Bereitstellung von Gütern und Dienstleistungen | | |
| 8  Privateigentum an Produktionsmitteln | | |
| 9  Unbegrenzte Bedürfnisse | | |
| 10  Markt bestimmt über Produktion und Preis | | |

26 Welche Funktion hat der Staat in der sozialen Marktwirtschaft?

a) Verhinderung wirtschaftlichen Machtmißbrauchs ................................... ○
b) Planung der Produktion ........................................................ ○
c) Staatliche Organisation des Wettbewerbs ................................... ○
d) Soziale Gestaltung der Marktwirtschaft durch Wirtschafts-,
   Finanz- und Gesellschaftspolitik ........................................... ○
e) Bestimmung des Verhältnisses von Konsum und Investitionen ...................... ○

27 Welche der folgenden Merkmale sind für eine ‚reine Marktwirtschaft' bzw. für eine ‚soziale Marktwirtschaft' zutreffend.

Ordnen Sie zu!

| Merkmale | Reine Markt-wirtschaft ⓐ | Soziale Markt-wirtschaft ⓑ |
|---|---|---|
| 1  Marktkonforme Staatseingriffe | | |
| 2  Absolute Vertragsfreiheit | | |
| 3  Staatliche Beeinflussung des Außenhandels | | |
| 4  Gesetzliche Maßnahmen gegen wirtschaftlichen Mißbrauch | | |
| 5  Absolute Gewerbe- und Niederlassungsfreiheit | | |
| 6  Freie Lohnbildung, keine Mindestlöhne | | |
| 7  Staatliche Korrektur von Marktergebnissen | | |
| 8  Absolute Unterordnung unter das freie Spiel von Angebot und Nachfrage | | |

28 Welche Vorteile bietet ein Wirtschaftssystem, das über den Markt gesteuert wird?

a) Vertragsfreiheit begünstigt Monopolisierungstendenzen ............................................. ○
b) Gewinnmaximierung lenkt die Produktionsfaktoren an den Ort der höchsten Produktivität ...... ○
c) Güterverteilung entsprechend der Leistung ........................................................ ○
d) Hohes Maß an wirtschaftlicher Freiheit, an Eigennutz und Eigenverantwortung ...................... ○
e) Starke Anpassungsfähigkeit an Änderungen des Wirtschaftsablaufs aufgrund
   dezentraler Entscheidungen ................................................................ ○

29  Ordnen Sie zu!

| Länder | Marktwirtschaftliches System ⓐ | Sozialistisches System ⓑ |
|---|---|---|
| 1   USA | | |
| 2   frühere DDR | | |
| 3   Italien | | |
| 4   Frankreich | | |
| 5   Kanada | | |
| 6   England | | |
| 7   frühere UdSSR   . | | |
| 8   Kuba | | |
| 9   Brasilien | | |
| 10  China | | |

**Qualifikationsaufgaben**

30  ‚Privateigentum an Produktionsmitteln sichert die ökonomischste Güterversorgung'.
    Begründen und beurteilen Sie diese Behauptung.

31  Warum können Betriebe in sozialistischen Wirtschaftssystemen unter Umständen ein begrenztes
    Interesse an technischen Neuerungen haben?

32  Können in einer staatlichen Planwirtschaft die konjunkturellen Schwankungen ausgeschlossen
    werden?

33  Mit welchen Mitteln werden Planziele in sozialistischen Ländern zu realisieren versucht?


## 9.   BERUFSAUSBILDUNGVERHÄLTNIS

### 9.1 Gedächtnisaufgaben

1  Wie bezeichnet man ein Unternehmen, das einen anderen zur Berufsausbildung einstellt?
   Auszubildender ○    Kammer ○    Ausbilder ○    Ausbildender ○    Handwerkskammer ○

2  Die Berufsausbildung wird durch das ...............................................................-Gesetz geregelt.

3  Ergänzen Sie das folgende Schema!

| Partner des Berufsausbildungsvertrages |
|---|

|  | Auszubildender |  |
|---|---|---|

4  Die Probezeit beträgt mindestens ............... Monat(e) und höchtens ............... Monat(e).

5  Der jugendliche Auszubildende muß sich vor ○    nach ○    Ablauf der ersten drei ○    sechs ○
   zwölf ○    fünfzehn ○    Monate einer ärztlichen Nachuntersuchung unterziehen.

6  Das Berufsbildungsgesetz verpflichtet den Auszubildenen zur Erlernung fachlicher ........................
   und ................................................ .

7 Die höchstzulässige Arbeitszeit für Jugendliche ist im .................................................................... -Gesetz geregelt.

8 Der betriebliche Ausbildungsplan enthält die sachliche und die .......................... Gliederung der Berufsausbildung.

9 Nennen Sie fünf Punkte, die ein Berufsausbildungsvertrag mindestens enthalten muß!

a) ........................................................   d) ........................................................

b) ........................................................   e) ........................................................

c) ........................................................

10 Ergänzen Sie das folgende Schema!

Pflichten des

● Kenntnisse vermitteln
● Anmeldung zur Sozialversicherung
● ........................................
● ........................................

● sich bemühen, Kentnisse zu erwerben
● ........................................
● ........................................

11 Welche Behauptungen über die Ausbildungsvergütung sind richtig?

| Die Ausbildungsvergütung | richtig | falsch |
|---|---|---|
| a) ist für alle Ausbildungsberufe gleich hoch | O | O |
| b) ist spätestens in der Mitte des Monats fällig | O | O |
| c) steigt und fällt mit den Leistungen des Auszubildenden | O | O |
| d) muß in jedem Ausbildungsjahr steigen | O | O |
| e) hängt vom Einkommen der Eltern des Auszubildenden ab | O | O |

12 Bei unverschuldeter Krankheit muß der Ausbildungsbetrieb die Ausbildungsvergütung bis zu ............. Wochen weiterzahlen.

13 Das Berufsbildungsgesetz sieht vor, daß die Berufsausbildung mindestens ..... und höchstens ..... Jahre dauert.

14 Der Ausbildungsvertrag verlängert sich bei Nichtbestehen der Abschlußprüfung auf Wunsch des ..............................um höchstens ................ Jahr(e). In dieser Zeit darf der Auszubildende die Abschlußprüfung höchstens ......... mal wiederholen.

15 Für welche Berufe ist die Ausbildungszeit grundsätzlich verkürzt?

| | Ja | Nein |
|---|---|---|
| a) Bürokaufmann | O | O |
| b) Industriekaufmann | O | O |
| c) Bürogehilfin | O | O |
| d) Bankkaufmann | O | O |
| e) Verkäufer/in | O | O |

16 Bei ausreichender Berufserfahrung in dem zu erlernenden oder einem .......................... Beruf kann die Berufsausbildung verkürzt werden.

17 Bei guten Leistungen kann die Ausbildungszeit verkürzt werden. Vorher müssen jedoch sowohl .............................als auch ........................................ dazu gehört werden.

*Weiter im Informationsbuch*

## 9.2 Gedächtnisaufgaben

18 Für jeden anerkannten Ausbildungsberuf gibt es eine ...................................................... -Ordnung.

19 Zur Ermittlung seines Leistungsstandes muß jeder Auszubildende während seiner Ausbildungszeit an mindestens einer Überprüfung durch den Betriebspsychologen ○ einem Reaktionstest ○ einer Zwischenprüfung ○ einem Fitneßtest ○ einer Röntgenuntersuchung ○ teilnehmen.

20 Die Ausbildungsordnung soll eine ..............................und ..............................Berufsausbildung gewährleisten.

21 Aus der Ausbildungsordnung muß der Ausbildungsbetrieb einen betrieblichen ..............................-Plan und einen ..............................-Plan erstellen.

22 Aus welchen Teilen besteht die Abschlußprüfung in jedem Fall?

    a) ...................................... Teil

    b) ...................................... Teil

23 Die Gebühr für die Zwischen- und Abschlußprüfung muß der ............................................ übernehmen.

24 Ausbilden darf nur, wer ...................................... und ...................................... dazu geeignet ist.

25 Verstöße gegen das Berufsbildungsgesetz werden rechtlich als Vergehen ○ Verbrechen ○ Gemeinheiten ○ Ordnungswidrigkeiten ○ angesehen und mit Wochenendarrest ○ Geldstrafen ○ Gefängnis ○ Schließung des Ausbildungsbetriebes ○ bestraft.

26 Zuschüsse nach dem Arbeitsförderungsgesetz zahlt der Arbeitgeber ○ das Finanzamt ○ das Arbeitsamt ○ die Stadt ○ die Gewerkschaften ○ Stiftungen ○

27 Schüler von Berufsfachschulen erhalten unter Umständen Zuschüsse nach dem Bundesausbildungs-förderungsgesetz ○ Berufsbildungsgesetz ○ Jugendarbeitschutzgesetz ○ Ausbildungsförderungsgesetz ○

## Verständnisaufgaben

28 Die Industrie- und Handelskammern sind Einrichtungen der

    a) Städte und Gemeinden ............................. ○
    b) Gewerkschaften ......................................... ○
    c) Kultusministerien ........................................ ○
    d) Unternehmer ............................................... ○
    e) Bundesländer .............................................. ○

29 Die Berufsausbildung vollzieht sich in verschiedenen Schritten. Bringen Sie die folgenden Buchstaben in die richtige Reihenfolge!

    a) Probezeit
    b) Ärztliche Nachuntersuchung
    c) Abschlußprüfung
    d) Abschluß des Berufsausbildungsvertrages
    e) Eintragung des Berufsausbildungsvertrages bei der Kammer

    Reiehnfolge der Buchstaben:

    | | | | | |
    |---|---|---|---|---|
    | | | | | |

30 Welche Angaben stehen in einem Berufsausbildungsvertrag?

    a) Zugehörigkeit des Auszubildenden zu einer Gewerkschaft ................................... ○
    b) Ausbildungsmaßnahmen außerhalb der Ausbildungsstätte ................................... ○

c) Vorstrafen des Auszubildenden ............................................................... ○
d) Jahresurlaub, den der Auszubildende zu beanspruchen hat ................... ○
e) Dauer der Probezeit ............................................................................... ○

31 Die Eintragung des Berufsausbildungsverhältnisses bei der Kammer ist Voraussetzung für

a) den Anspruch des Auszubildenden auf Ausbildungsvergütung ............... ○
b) das Recht des Auszubildenden auf bezahlten Jahresurlaub .................... ○
c) die spätere Weiterbeschäftigung („Übernahme") des Auszubildenden .... ○
d) die Zulassung zur Abschlußprüfung ........................................................ ○
e) die ärztliche Nachuntersuchung ............................................................. ○

32 Welche Pflichten übernimmt der Auszubildende durch den Berufsausbildungsvertrag?

a) Die Abschlußprüfung erfolgreich abzulegen .......................................... ○
b) Nach der Ausbildung mindestens 3 Jahre im Ausbildungsbetrieb zu bleiben ........ ○
c) Betriebsgeheimnisse zu wahren ............................................................. ○
d) Auf Wunsch des Betriebsrates für die Jugendvertretung zu kandidieren .... ○
e) Berichtshefte zu führen .......................................................................... ○

33 Wozu ist der Ausbildungsbetrieb durch das Berufsbildungsgesetz verpflichtet?

a) Den Auszubildenden zur Berufsschule anzumelden ............................... ○
b) Den Auszubildenden nach bestandener Zwischenprüfung später zu übernehmen ○
c) Innerbetrieblichen Unterricht zur Vertiefung des Berufsschulunterrichts zu
   erteilen ................................................................................................... ○
d) Kurse zur Vorbereitung auf die Abschlußprüfung anzubieten oder finanziell zu
   unterstützen ........................................................................................... ○
e) Die Führung der Ausbildungsnachweise zu überwachen ........................ ○

34 Wovon hängt die Höhe der tariflichen Ausbildungsvergütung ab?

a) Einkommen der Eltern (bei minderjährigen Auszubildenden) ................. ○
b) Notendurchschnitt in der Berufsschule .................................................. ○
c) Ausbildungsberuf ................................................................................... ○
d) Anzahl der Arbeitstage in den einzelnen Monaten ................................. ○
e) Entfernung zwischen Wohnort des Auszubildenden und dem Ausbildungsort ....... ○

35 In Einzelfällen kann die Berufsausbildung verkürzt werden. Welche Voraussetzungen muß der
Auszubildende dabei erfüllen? Er muß

a) volljährig sein ........................................................................................ ○
b) Mitglied der Jugendvertretung oder des Betriebsrates im Ausbildungsbetrieb sein ○
c) Berufserfahrung in diesem oder einem artverwandten Beruf haben ....... ○
d) verheiratet sein ..................................................................................... ○
e) gute Leistungen im Ausbildungsbetrieb und in der Berufsschule zeigen ...... ○

**Qualifikationsaufgaben**

36 Zahlreiche Unternehmen lehnen es ab, Auszubildende einzustellen. Welche Gründen könnten diese
Unternehmen haben?

37 Welche Gründe sprechen dafür, daß die Ausbildungsvergütung mit jedem Ausbildungsjahr steigen
muß?

38   Wie ist die Rechtslage?

    a) nach dem Bestehen der Abschlußprüfung?
    b) nach Nichtbestehen der Abschlußprüfung?


## 10.   ARBEITSVERHÄLTNIS

### 10.1   Gedächtnisaufgaben

1   Der Arbeitsvertrag ist eine Vereinbarung zwischem einem einzelnen ........................................... und einem einzelnen........................... .

2   Betriebsvereinbarungen werden zwischen dem Arbeitgeber und ........................................................ eines Unternehmens abgeschlossen.

3   Betriebsvereinbarungen müssen grundsätzlich mündlich ○    schriftlich ○    notariell beurkundet ○ abgeschlossen werden

4   Betriebsvereinbarungen gelten grundsätzlich nicht für Auszubildende ○    leitende Angestellte ○ ältere Mitarbeiter ○    Frauen ○

5   Der Arbeitnehmer darf durch Betriebsvereinbarungen nicht schlechter gestellt werden als durch Tarifverträge oder ............................................. .

6   Arbeitgeber und Gewerkschaften bezeichnet man als Sozialpartner ○    Gesetzgeber ○ Koalitionsparteien ○    Tarifpartner ○

7   Der Tarifvertrag schafft einheitliche ........................... -Arbeitsbedingungen für ganze Berufszweige.

8   Tarifverträge werden in ein.............................................. eingetragen; es wird beim Bundesminister für ........................................................................ geführt.

9   Den Bruttostundenlohn eines 21 jährigen Facharbeiters bezeichnet man als ........................................ .

10   Lohn- und Gehaltstarife enthalten den Gruppenplan ○    allgemeine Arbeitsbedingungen ○ Angaben, die in der Regel für einen längeren Zeitraum gelten ○    eine Lohn- und Gehaltstabelle ○

11   Wie lange bleibt ein abgelaufener Tarifvertrag gültig? ......................................................... ........................................................................................................................................ .

*Weiter im Informationsbuch!*

### 10.2   Gedächtnisaufgaben

12   Die Arbeitsvergütung für Arbeiter bezeichnet man als........................................, die für Angestellte als ........................................ .

13   Bei welchen Arbeitnehmern sind Einzelarbeitsverträge üblich? Beamte ○    Außertarifliche Angestellte ○    Auszubildende ○    Arbeiter ○

14   Zieht man vom Bruttogehalt die Lohn- und............................... -Steuer sowie den Arbeitnehmeranteil zur gesetzlichen ........................................ ab, so ergibt sich das ................... -Gehalt.

15   Bei der Umstellung von der Barzahlung zur bargeldlosen Gehaltszahlung hat der............................... ein Mitbestimmungsrecht.

16   Beim Naturallohn erhält der Arbeitnehmer seine Vergütung in Form von ........................................ ........................................................................................................................................ .

17 Die ausschließliche Entlohnung durch Naturalien bezeichnet man als ......................................... -System; es ist in der Bundesrepublik Deutschland üblich ○ verboten ○ nur in Kleinbetrieben erlaubt ○

18 Welche Vorteile hat der Zeitlohn im Vergleich zum Leistungslohn? Einfache Lohnabrechnung ○ Hoher Anreiz zur Leistungssteigerung ○ Sehr gerecht ○ Größere Schonung von Mensch und Maschine ○ Geringerer Ausschuß ○

19 Welche Entlohnungsart kommt in der Bundesrepublik Deutschland zur Zeit am häufigsten vor? Zeitlohn ○ Prämienlohn ○ Sociallohn ○

20 Wie heißt das Fachwort für häufigen Arbeitsplatzwechsel? .........................................................

21 Die persönlichen und sozialen Verhältnisse des Mitarbeiters werden beim Sociallohn ○ Prämienlohn ○ Leistungslohn ○ Zeitlohn ○ berücksichtigt.

22 Löhne und Gehälter sind für die Unternehmen Erträge ○ Gewinne ○ Kosten ○

23 Zu den gesetzlich vorgeschriebenen Lohnnebenkosten gehören die Kosten für die Werksbücherei ○ vermögenswirksame Leistungen ○ den Arbeitgeberanteil zur gesetzlichen Sozialversicherung ○ Kosten des Betriebsrates ○ das Urlaubsgeld ○

⬇

## Verständnisaufgaben

24 Welche Form ist für den Abschluß eines Individual-Arbeitsvertrages gesetzlich vorgeschrieben?

a) mündlich ..................................... ○    d) öffentliche Beurkundung ..................... ○
b) schriftlich ................................... ○    e) keine ......................................... ○
c) öffentliche Beglaubigung .................. ○

25 Geben Sie (durch das Einzeichnen eines Kreuzes) jeweils an, ob es sich im folgenden um Vereinbarungen oder um gesetzliche Bestimmungen handelt!

| | Vereinbarungen | | Gesetzliche |
| --- | --- | --- | --- |
| | Individuell | Kollektiv | Bestimmungen |
| Tarifvertrag | | | |
| Gewerbeordnung | | | |
| Betriebsvereinbarung | | | |
| Arbeitszeitordnung | | | |
| Vertragl. Wettbewerbs-verbot | | | |

26 Rahmen- oder Manteltarife

a) enthalten den Gruppenplan ................ ○    d) unterstellen einen Ecklohn .................. ○
b) werden auch als „Werkstarife"              e) enthalten z. B. Angaben über die
   bezeichnet ................................. ○       wöchentliche Arbeitszeit ................... ○
c) gelten meisten für einen längeren
   Zeitraum ................................... ○

27 Die Mindestbruttovergütung der Beamten wird grundsätzlich festgelegt durch

a) Gesetze ..................................... ○    d) Rahmentarifverträge .......................... ○
b) den Ecklohn ................................ ○    e) Einzelarbeitsverträge ........................ ○
c) Bezirkstarife ............................... ○

28 Wann spätestens muß ein Angestellter über sein Nettogehalt für den Monat April verfügen können? Am

a) Samstag, 1. 04. ............................ ○    d) Samstag, 29.04. (Feiertag) ................. ○
b) Montag, 24.04. ............................ ○    e) Sonntag, 30.04. .............................. ○
c) Freitag, 28.04. ............................. ○

29 Für Arbeiten, deren Arbeitstempo vom Arbeitnehmer nicht beeinflußt werden kann, eignet sich besonders der

    a) Prämienlohn ............................... ○
    b) Zeitlohn ...................................... ○
    c) Soziallohn ................................... ○
    d) Naturallohn ................................ ○
    e) Leistungslohn ............................. ○

30 Zum Soziallohn rechnet man

    a) vermögenswirksame Leistungen .............. ○
    b) Verheiratetenzulage ....................... ○
    c) Urlaubsgeld ................................ ○
    d) Umsatzprämie .............................. ○
    e) betriebliches Kindergeld .................. ○

## Qualifikationsaufgaben

31 Das „Truck-System" ist in der Bundesrepublik Deutschland verboten.
    a) Erklären Sie das „Truck-System"!
    b) Weshalb ist dieses System Ihrer Meinung nach in der Bundesrepublik Deutschland verboten?

32 Heute erhalten immer mehr Arbeitnehmer Zeitlohn und immer weniger Leistungslohn. Früher war das anders.

    Geben Sie Gründe für diese Veränderung an! ...................................................................

## 11. GESETZE FÜR JUGENDLICHE ARBEITNEHMER

### 11.1 Gedächtnisaufgaben

1 Nach dem Jugendarbeitsschutzgesetz (JArSchG) muß die tägliche Freizeit für Jugendliche mindestens 8 Stunden ○    10 Stunden ○    12 Stunden ○    14 Stunden ○ 24 Stunden ○    betragen.

2 Das JArbSchG bezeichnet die Arbeit zwischen ........................Uhr und ................Uhr als Nachtarbeit.

3 Vollzeitschulpflichtige unter 18 Jahren behandelt das JArbSchG wie Kinder ○    Erwachsene ○ Auszubildende ○    Jugendliche ○    Heranwachsende ○

4 Jugendliche über 15 Jahre (und nicht mehr vollzeitschulpflichtig) dürfen pro Tag bis zu ........................ Stunden und pro Woche bis zu ......................... Stunden beschäftigt werden.

5 Ruhepausen sind Arbeitsunterbrechungen von mindestens ........................ Minuten Dauer.

6 Ruhepausen dürfen frühestens ......................................................... nach Beginn der Arbeit gewährt werden.

7 Nach einer Arbeitszeit von mehr als 6 Stunden ist für den Jugendlichen ein Pause von mindestens ........................ Minuten vorgeschrieben.

8  Der Jahresurlaub dient in erster Linie der Erholung ○   der Fortbildung ○   der Erwerbstätigkeit ○

9  Wovon hängt die Urlaubsdauer des Jugendlichen (nach dem JArbSchG) ab? .........................................

10 Jugendliche sollen ihren Jahresurlaub nach Möglichkeit während der Berufsschulferien ○
   zusammenhängend ○   am Jahresende ○   im ersten Quartal eines Jahres ○   nehmen.

*Weiter im Informationsbuch!*

## 11.2 Gedächtnisaufgaben

11 Beginnt der Berufsschulunterricht vor 9 Uhr, darf der Jugendliche vorher nur mit leichten Arbeiten ○
   höchstens zwei Stunden ○   überhaupt nicht ○   beschäftigt werden ○

12 Wie werden die Pausen in der Berufsschule auf die Arbeitszeit des Jugendlichen angerechnet?
   Gar nicht ○   Zur Hälfte ○   Voll ○   Doppelt ○

13 Berufsschulunterricht mit mehr als ........... Unterrichtsstunden zu je mindestens ..................... Minuten
   zählt als ......................... Arbeitsstunden.                                  ○                    ○

14 Blockunterricht wird dann wie eine volle Arbeitswoche angerechnet, wenn der Unterricht an mindestens ........... Wochentagen mindestens ......................... Zeitstunden besucht wurde.

15 Wann muß die ärztliche Erstuntersuchung des Jugendlichen erfolgen? .........................................
   ......................................... .

16 Wer trägt die Kosten der ärztlichen Untersuchungen bei Jugendlichen? .........................................
   ......................................... .

17 Bei der Akkordarbeit ○   Fließbandarbeit ○   Nachtarbeit ○   ist das Arbeitstempo vorgegeben.

18 Träger von Bildungsurlaubsveranstaltungen sind z. B. Kirchen ○   Arbeitgeberverbände ○
   Gewerkschaften ○   Berufsschulen ○

## Verständnisaufgaben

19 Das JArbSchG gilt

   a) für alle Auszubildenden ............................................................... ○
   b) für alle Mitarbeiter, die körperlich zurückgeblieben sind ................. ○
   c) nur für Auszubildende im ersten Ausbildungsjahr ........................... ○
   d) für alle Beschäftigten unter 18 Jahre ............................................ ○
   e) auch für Jugendliche nach bestandener Abschlußprüfung ............... ○

20 Bringen Sie drei Beispiele für Ereignisse, zu denen der Arbeitgeber den Auszubildenden freistellen
   muß!

   a) .........................................................................................
   b) .........................................................................................
   c) .........................................................................................

21 Was soll durch die erste ärztliche Nachuntersuchung des Jugendlichen festgestellt werden?
   ...........................................................................................................
   ...........................................................................................................
   ...........................................................................................................

22 Von welchen Faktoren macht das JArbSchG die tägliche und wöchentliche Höchstarbeitszeit
   eines Jugendlichen abhängig?

   a) Höhe des Bruttogehaltes ................... ○      c) Familienstand ........................ ○
   b) Größe des Betriebes, in dem er                    d) Lebensalter ........................... ○
      beschäftigt ist ................................ ○      e) Geschlecht ............................ ○

47

23 Wie lange muß ein Mitarbeiter dem Betrieb angehören, ehe er erstmals Urlaub nehmen darf?

a) 1 Monat ................................. ○    d) 9 Monate ................................. ○
b) 3 Monate ................................ ○    e) 12 Monate ............................... ○
c) 6 Monate ................................ ○

24 Die Dauer des Jahresurlaubs eines Erwachsenen kann festgelegt werden durch

a) individuelle Vereinbarungen zwischen    c) das Bundesurlaubsgesetz ................. ○
  ihm und seinem Arbeitgeber .............. ○    d) das Grundgesetz ......................... ○
b) Tarifverträge .......................... ○

25 Der Bildungsurlaub

a) wird nicht auf den Jahresurlaub angerechnet ......................................... ○
b) steht nur langjährigen Mitarbeitern zu ............................................. ○
c) steht nur Ausbildern zu ............................................................ ○
d) steht nur vorbildlichen Mitarbeitern zu ........................................... ○
e) dient in erster Linie der Erholung ................................................. ○

26 Wie oft darf ein Arbeitnehmer Bildungsurlaub machen?

a) Einmal pro Monat ....................... ○    d) Einmal im Leben ......................... ○
b) Einmal pro Jahr ........................ ○    e) Das hängt von seinen Leistungen ab .... ○
c) So oft wie er möchte ................... ○

**Qualifikationsfragen**

27 Weshalb legt der Gesetzgeber gerade beim jugendlichen Mitarbeiter großen Wert auf die gesundheitliche Überwachung?

28 Weshalb hat ein neuer Mitarbeiter erst nach einer bestimmten Betriebszugehörigkeit Anspruch auf seinen Jahresurlaub?

## 12. SCHUTZBESTIMMUNGEN FÜR ARBEITNEHMER

### 12.1 Gedächtnisaufgaben

1 Die Kündigung ist eine einseitige ○    zweiseitige ○    vielseitige ○    Willenserkärung.

2 Die Kündigung kann grundsätzlich mündlich erfolgen, doch ist die ...........................Form allgemein üblich.

3 Für Arbeiter beträgt die gesetzliche Kündigungsfrist grundsätzlich ........ Monate . Sie verlängert sich für Arbeiter, die das .............. . Lebensjahr vollendet haben.

4 Kaufmännische Angestellte können mit einer Frist von ............. Wochen zum Ende eines jeden ................................... kündigen.

5 Ein „einfaches" Zeugnis gibt Auskunft über Art und ..........................der Beschäftigung des Arbeitnehmers.

6 Durch das Kündigungsschutzgesetz werden alle Mitarbeiter, die dem Betrieb mindestens .......Monate ununterbrochen angehören, vor ...........................ungerechtfertigter Kündigung geschützt.

7 Auszubildende sind nach Ablauf von einer Woche ○    von drei Wochen ○    der Probezeit ○ vor Kündigungen weitgehend geschützt.

8 Welche Behörde muß der Kündigung eines Schwerbehinderten zustimmen? ..........................

*Weiter im Informationsbuch!*

## 12.2 Gedächtnisaufgaben

9 Glaubt der Arbeitnehmer, ihm sei zu Unrecht gekündigt worden, sollte er sich innerhalb von einer Woche zunächst an ........................................... wenden.

10 Eine werdende Mutter darf in den letzten ......... Wochen vor der Entbindung nur dann beschäftigt werden, wenn ..................................................... .

11 Die für erwachsene Arbeitnehmer zulässige tägliche Arbeitszeit sowie die Mindestruhepausen werden durch das/den/die ........................... gesetzlich geregelt.

12 Für Überstunden wird normalerweise ein Zurschlag von ......... % gezahlt.

13 Die normale tägliche Arbeitszeit beträgt nach der AZO ................. Stunden.

14 Nach einer Arbeitszeit von mehr als 6 Stunden steht erwachsenen Männern eine Pause von mindestens ................. Minuten zu. .

15 Die Freizeit zwischen zwei Arbeitsschichten soll bei Erwachsenen mindestens ....... Stunden betragen.

*Weiter im Informationsbuch!*

## 12.3 Gedächtnisaufgaben

16 Der Jahresurlaub für Erwachsene ist im ......................................... -gesetz geregelt.

17 Der gesetzliche Mindesturlaub für Erwachsene beträgt jährlich ........... Werktage.

18 Während seines Urlaubs ist eine Erwerbstätigkeit des Arbeitnehmers    erwünscht ○
verboten ○        staatlich gefördert ○

19 Ein neuer Mitarbeiter erwirbt erst nach einer Betriebszugehörigkeit von ........... Monaten den Anspruch auf seinen Jahresurlaub.

20 Der Arbeitgeber muß seinem erkrankten Mitarbeiter das Gehalt ................... Wochen weiterzahlen.

21 Die Lohnfortzahlung für kranke Angestellte ist im ............................................. -gesetz geregelt.

22 Die ........................... -Verordnung versucht, das Arbeitsleben zu humanisieren.

23 Gilt der gesetzliche Kündigungsschutz auch beim Konkurs des Arbeitgebers? .............

24 Bei welcher Behörde kann der Arbeitnehmer Konkursausfallgeld beantragen? ...................................

### Verständnisaufgaben

25 Der Angestellte A kündigt schriftlich. Am 10.02. schreibt er die Kündigung, am 12.02. schickt er sie ab, am 14.02. trifft sie bei seinem Arbeitgeber ein und wird dort am 15.02. bearbeitet. Ab wann beginnt die Kündigungsfrist zu laufen?

a) Ab 10.02. ..................................................... ○
b) Ab 12.02. ..................................................... ○
c) Ab 14.02. ..................................................... ○
d) Ab 15.02. ..................................................... ○
e) Ende Februar ................................................ ○

26 Der ausscheidende Mitarbeiter M bittet seinen Arbeitgeber um ein „qualifiziertes" Zeugnis; dieses enthält dann Angaben über

a) die Art seiner Tätigkeit ................................. ○
b) seine Führung ............................................... ○
c) sein Verhältnis zu Vorgesetzten und Mitarbeitern ........................... ○
d) die Höhe seines Bruttogehaltes .................... ○
e) seine Religions- und Gewerkschaftszugehörigkeit .................... ○

27 Arbeitnehmer A beweist durch ein ärztliches Attest, daß er während seines Urlaub 10 Tage krank war. Wieviel dieser 10 Tage gelten dann als Urlaubstage? ......................................................

28 Für jugendlichen Arbeitnehmer regelt das JArSchG die Arbeitszeiten und die Ruhepausen. Welches entsprechende Gesetz gilt für Erwachsene? ......................................................

29 Der Angestellte A weigert sich beharrlich, ihm übertragene zumutbare Arbeiten auszuführen. Zu welchem Termin kann ihm dann sein Arbeitgeber kündigen?

    a) Nie, denn es liegt kein Kündigungsgrund vor .................................... ⃝
    b) Zum Ende der laufenden Woche ......................................................... ⃝
    c) Zum Ende des laufenden Monats ........................................................ ⃝
    d) Zum Ende des laufenden Quartals ..................................................... ⃝
    e) Sofort ohne Kündigungsschutz .......................................................... ⃝

30 Welche sinnvolle Möglichkeiten hat der Mitarbeiter M, um gegen die seiner Meinung nach ungerechtfertigte Kündigung vorzugehen?

    a) Beim Betriebsrat Einspruch erheben ................................................. ⃝
    b) Sich an die IHK wenden und dort Widerspruch einlegen .............. ⃝
    c) Das Arbeitsamt einschalten ............................................................... ⃝
    d) Beim Arbeitsgericht klagen ................................................................ ⃝
    e) Das Sozialamt benachrichtigen .......................................................... ⃝

31 Frauen dürfen nicht beschäftigt werden in

    a) Bergwerken ........................................................................................... ⃝
    b) Brauereien ............................................................................................ ⃝
    c) Zementfabriken ..................................................................................... ⃝
    d) Munitionsfabriken ................................................................................. ⃝
    e) Salinen .................................................................................................. ⃝

32 Frauen können Freistellung bis zu einer Stunde täglich verlangen wenn sie

    a) Akkordarbeit verrichten ...................................................................... ⃝
    b) unter Nässe und/oder Lärm arbeiten müssen ................................. ⃝
    c) häufig Überstunden machen müssen ................................................ ⃝
    d) einen Säugling stillen ......................................................................... ⃝
    e) in dieser Zeit ihren Haushalt in Ordnung bringen .......................... ⃝

**Qualifikationsaufgaben**

33 Weshalb gelten für ältere und langjährige Mitarbeiter/innen längere Kündigungsfristen?

34 Arbeitgeber A sucht einen neuen Mitarbeiter. Es bewerben sich ein Mann und eine Frau. Beide sind 20 Jahre alt, gesund und haben die gleichen beruflichen Fähigkeiten. Welche wirtschaftlichen Überlegungen werden den Arbeitgeber bei seiner Wahl zwischen den beiden Bewerbern beeinflussen?

## 13. SOZIALVERSICHERUNG

### 13.1 Gedächtnisaufgaben

1 Sowohl die Rentenversicherung als auch die Arbeitslosenversicherung gehören zu den ...................... ...............................-Versicherungen.

2 Zu den Individualversicherungen zählt man die    Kreditversicherung ◯   Sachversicherung ◯ Transportversicherung ◯   Sozialversicherung ◯   Einbruchversicherung ◯

3 Zahlt der Staat Zuschüsse an die Sozialversicherungsträger?    Ja ◯      Nein ◯

4 Die Beiträge zur gesetzlichen Unfallversicherung der Arbeitnehmer zahlt der .......................................... .

5 Träger der Rentenversicherung der Angestellten ist der/die/das ................................................... .

6 DAK, BEK und KKH sind    Innungskrankenkassen ◯   Allgemeine Ortskrankenkassen ◯ Ersatzkassen ◯   Berufsgenossenschaften ◯   Betriebskrankenkassen ◯

7 Das Altersruhegeld der Angestellten wird von der ....................................................... gezahlt.

8 Zu den Aufgaben der ....................................... gehört auch die Berufsberatung.

9 Welcher Versicherungsträger gibt seinen Versicherten ein „Versicherungsnachweisheft"? ......................................................... .

10 Alle Schüler/innen sind in der    Ersatzkasse ◯   Arbeitslosenversicherung ◯   Unfallversicherung ◯   Bundesknappschaft ◯   AOK ◯   versichert. Die Beiträge dafür zahlen Bund, ......................... und Gemeinden.

11 Für welchen Sozialversicherungsträger zahlt der Arbeitnehmer keine Beiträge? ........................

12 Die Knappschaftsversicherung ist die Renten- und ..................................... -Versicherung für die Arbeitnehmer    im Büro ◯   in der Landwirtschaft ◯   im Bergbau ◯   im Straßenbau ◯   in Kleinbetrieben ◯

13 Die Beitragssätze zur Knappschaftsversicherung sind    höher ◯   niedriger ◯   genauso hoch ◯   wie bei den anderen Sozailversicherungsträgern.

14 Bergleute können unter Umständen schon nach dem ........... . Lebensjahr Altersrente beziehen.

15 Wer trägt auf der Versicherungskarte die Dauer der Beschäftigung sowie das versicherungspflichtige Gehalt ein?    Der Arbeitnehmer selbst ◯   Der Arbeitgeber ◯   Die BfA ◯   Die Krankenkasse ◯   Das Arbeitsamt ◯

*Weiter im Informationsbuch!*

### 13.2 Gedächtnisaufgaben

16 Im Vergleich zu anderen Gerichten sind die Gebühren der Sozialgerichte    sehr hoch ◯   normal hoch ◯   ziemlich niedrig ◯

17 Die Gerichtskosten der Sozialgerichte zahlt im Normalfall der/die/das ........................................ .

18 Jeder Streitfall über Sozialversicherungsangelegenheiten beginnt beim ...............................-Gericht („1. Instanz").

19 Das Sozialgericht ist mit einem Berufsrichter sowie zwei ...........................................-Richtern besetzt.

20 Gegen Urteile des Sozialgerichts kann man unter Umständen beim ...............................-Gericht Berufung einlegen.

21 Gegen Urteile des Landessozialgerichts ist unter Umständen ..........................................beim Bundessozialgericht möglich.

22 Das Bundessozialgericht hat seinen Sitz in der Stadt .......................................... .

**Verständnisaufgaben**

23 Setzen Sie in der folgenden Übersicht die fehlenden Begriffe in die Kästchen ein!

24 Woher erhalten die Träger der gesetzlichen Rentenversicherung ihre Mittel?

a) Zuschüsse der Gewerkschaften ................................................... O
b) Arbeitnehmeranteile ................................................... O
c) Zuschüsse des Staates ................................................... O
d) Arbeitgeberanteile ................................................... O
e) Spenden der Großbetriebe ................................................... O

25 Wer ist Träger der Rentenversicherung von solchen Angestellten, die nicht im Bergbau beschäftigt
sind?

a) Arbeitgeber ................................................... O
b) Arbeitnehmer ................................................... O
c) Arbeitgeber und Arbeitnehmer je zur Hälfte ................................................... O
d) BfA ................................................... O
e) Bundesknappschaft ................................................... O

26 Für welche Sozialversicherung zahlt der Arbeitnehmer die höchsten Beiträge?

a) Krankenversicherung ................................................... O
b) Arbeitslosenversicherung ................................................... O
c) Unfallversicherung ................................................... O
d) Rentenversicherung ................................................... O
e) Berufsgenossenschaft ................................................... O

27 Dem Arbeitnehmer A werden monatlich Beiträge für die gesetzliche Rentenversicherung abgezogen.
Wovon hängt die Höhe dieser Beiträge ab?

a) Von seinem Beruf ................................................... O
b) Von seinem Lebensalter ................................................... O
c) Von seinem Familienstand ................................................... O
d) Von seinem Bruttoverdienst ................................................... O
e) Von seiner Betriebszugehörigkeitsdauer ................................................... O

28 Arbeitnehmer A ist 25 Jahre alt, gesund, ziemlich arm und seit mehr als einem Jahr arbeitslos.
Gegen wen überhaupt könnte er dann finanzielle Ansprüche geltend machen? Gegen

a) seine Krankenkasse ................................................... O
b) die Stadt (Sozialamt) ................................................... O
c) das Rote Kreuz ................................................... O
d) das Arbeitsamt (Arbeitslosenhilfe) ................................................... O
e) seinen Arbeitgeber ................................................... O

29 A verdiente im September 1991 4.870,00 DM brutto. Wieviel zieht ihm sein Arbeitgeber davon ab?

    a) Rentenversicherung .....................................DM
    b) Krankenversicherung .....................................DM
    c) Arbeitslosenversicherung .....................................DM
    d) Unfallversicherung .....................................DM

## Qualifikationsaufgaben

30 Weshalb hat der arbeitsunfähige Arbeitslose A keinen Anspruch auf Arbeitslosengeld? Lösungshinweis: Prüfen Sie, gegen wen er möglicherweise finanzielle Ansprüche geltend machen könnte.

31 Das Gehalt des Prokuristen P liegt über der Beitragsbemessungsgrenze. Trotzdem werden die Beiträge zur gesetzlichen Sozialversicherung nicht von seinem Gehalt berechnet, sondern von der niedrigeren Beitragsbemessungsgrenze. Begründen Sie den Sinn dieser Regelung am Beispiel der Krankenversicherung!

# 14. MITBESTIMMUNG DER ARBEITNEHMER

## 14.1 Gedächtnisaufgaben

1 Arbeitnehmer haben die Möglichkeit, das betriebliche Geschehen teilweise mitzubestimmen. Das geschieht im Betriebsrat, im .............................. und im .............................. .

2 Die Rechte und Pflichten des Betriebsrates sind im .............................. -Gesetz geregelt.

3 Zu den leitenden Angestellten gehören Prokuristen ○    Auszubildende im letzten Ausbildungsjahr ○    Facharbeiter ○    Geschäftsführer ○    Direktoren ○

4 Das Betriebsverfassungsgesetz gilt ○    gilt nicht ○    für leitende Angestellte.

5 Der Betriebsrat vertritt die Interessen der .............................. gegenüber dem .............................. .

6 Ein Betriebsrat darf ○    muß ○    in Unternehmen mit mindestens 2 ○    5 ○    10 ○    20 ○    100 ○    wahlberechtigten Mitarbeitern gewählt werden.

7 Der Arbeitgeber ist verpflichtet ○    nicht verpflichtet ○    dem Betriebsrat kostenlos ○    gegen geringe Gebühr ○    Räume zur Abhaltung von Sprechstunden zur Verfügung zu stellen.

8 Wie oft müssen Betriebsversammlungen mindestens abgehalten werden? ..............................

9 Der Betriebsrat muß ○    muß nicht ○    den Arbeitgeber zur den Betriebsversammlungen einladen.

10 Der Arbeitgeber muß ○    darf ○    darf nicht ○    auf Betriebsversammlungen sprechen.

11 In Unternehmen mit mehreren Filialen wird zusätzlich ein .............................. -Betriebsrat gebildet.

12 Der Betriebsrat wird jährlich ○    alle 2 Jahre ○    alle 3 Jahre ○    alle 4 Jahre ○    gewählt.

13 Die Betriebsratswahlen finden zwischen dem 1. März und dem .............................. statt.

14 Alle Arbeitnehmer, die das ............. . Lebensjahr vollendet haben, dürfen den Betriebsrat wählen.

15 Wenn Arbeiter und Angestellte eines Betriebes ihre Betriebsratsmitglieder getrennt wählen, so spricht man von einer .............................. -Wahl.

16 Wer Betriebsratsmitglied werden will, muß dem Betrieb mindestens .............................. Monate angehören.

17 Die Zahl der Betriebsratsmitglieder in einem Betrieb ist abhängig von ..............................

18 Hat ein Betrieb nur ein einziges Betriebsratsmitglied, so bezeichnet man ihn als „...............................".

19 Bei Kündigungen hat der Betriebsrat ein Recht auf Information ○   Mitbestimmung ○   Beratung ○

20 Die fehlende Zustimung des Betriebsrates bei einer Kündigung kann ersetzt werden durch das Urteil der Sozialpartner ○   der IHK ○   des Arbeitsgerichtes ○   des Sozialgerichtes ○

21 In Betrieben mit mehr ................... als Mitarbeitern muß der Betriebsrat über jede Einstellung und Entlassung unterrichtet werden.

*Weiter im Informationsbuch!*

### 14.2 Gedächtnisaufgaben

22 Im Wirtschaftsausschuß sollen die ................................... Probleme des Betriebes besprochen werden.

23 Zum Wirtschaftsausschuß eines Betriebes gehören alle Mitarbeitern, die wirtschaftlich denken und handeln. Ja ○   Nein ○

24 Wie oft soll der Wirtschaftsausschuß zusammenkommen, um die Lage des Unternehmens zu erörtern? ................................... .

25 In Betrieben mit mindestens 2 ○   5 ○   10 ○   20 ○   Arbeitnehmern unter ............ Jahren darf eine Jugend- und Auszubildendenvertretung gewählt werden.

26 Die Jugend- und Auszubildendenvertretung wird alle ............ Jahre gewählt.

27 Alle Auszubildenden unter ...... Jahre dürfen die Jugend- und Auszubildendenvertretung wählen, alle Mitarbeiter unter ............... Jahre dürfen gewählt werden.

28 Aus wieviel Mitgliedern besteht der Aufsichtsrat in Unternehmen der Montanindustrie? ...................

29 Für Unternehmen mit höchstens 8.000 Mitarbeitern ist die Direktwahl ○   indirekte Wahl ○   für den Aufsichtsrat vorgesehen.

30 Bei Stimmengleichheit hat der Aufsichtsvorsitzende keine ○   eine ○   zwei ○   drei ○   zusätzliche Stimme(n).

31 In der Montanindustrie gehört dem Vorstand ein ................................... an; er ist besonders für die Belange der Arbeitnehmer zuständig.

### Verständnisaufgaben

32 In öffentlichen Betrieben gibt es statt des Betriebsrates einen ....................................... .

33 Wer darf bei der Betriebsratswahl nicht wählen?

a) Leitende Angestelle ..................... ○   d) Kranke Mitarbeiter ............................. ○
b) Betriebsratsmitglieder ...................... ○   e) Mitarbeiter, die erst am Tag der Wahl
c) Vorbestrafte Mitarbeiter ..................... ○      in den Betrieb eintreten ..................... ○

34 Welchen Sinn hat ein „Sozialplan"? ................................................................
................................................................
................................................................

35 Wer Betriebsratsmitglied werden will, muß dem Betrieb eine bestimmte Zeit angehören. Welchen Sinn hat diese Vorschrift? ................................................................
................................................................
................................................................

36 Der Betriebsrat hat ein Mitbestimmungsrecht bei

   a) Kündigungen ................................................................................................ O
   b) der Festsetzung der Dauer des tariflichen Jahresurlaubs ..................... O
   c) der Festsetzung der Verkaufspreise von Produkten, die der Betrieb herstellt ....... O
   d) der Festsetzung der Urzeit für den täglichen Arbeitsbeginn ............... O
   e) der Errechnung der Arbeitnehmeranteile zur Sozialversicherung .......... O

37 Weshalb bestimmt der Gesetzgeber, daß die Amtszeit der Jugend- und Auszubildendenvertreter kürzer ist als die der Betriebsratsmitglieder? .......................................

   .........................................................................................................................

   .........................................................................................................................

   .........................................................................................................................

   .........................................................................................................................

38 Die „Süddeutsche Brau-AG" hat 1.800 Mitarbeiter. Ihr Aufsichtsrat besteht aus 15 Mitgliedern. Davon dürfen ................. von den Anteilseignern gewählt werden, die restlichen von den ...................

   ........................................... .

39 Weshalb hat der Gesetzgeber den Kündigungsschutz für Betriebsratsmitglieder auch noch auf das Jahr ausgedehnt, das der Amtszeit folgt? ..........................................

   .........................................................................................................................

   .........................................................................................................................

   .........................................................................................................................

⬇

## Qualifikationsaufgaben

40 Weshalb gilt das Betriebsverfassungsgesetz nicht für leitende Angestellte?

41 Begründen Sie, warum der Gesetzgeber den Betriebsratsmitgliedern einen so weitreichenden Kündigungsschutz gewährt!

42 Betriebsratsmitglieder haben das Recht, sich (häufiger als andere Mitarbeiter) für die Teilnahme an Bildungsveranstaltungen freistellen zu lassen. Für welche Betriebsratsmitglieder ist diese Möglichkeit besonders wichtig?

## 15. TARIFPARTNER

### 15.1 Gedächtnisaufgaben

1 Zu den öffentlich-rechtlichen Arbeitgebervereinigungen zählt man

   BDI ................. O        BDA ................. O
   HwK ................. O        IHK ................. O

2 Alle Industrie- und Handelsbetriebe sind Pflichtmitglieder

   der IHK ..... O    der HwK ...... O    der Lobby ..... O    des BDI .... O
   der BDA ... O

3 Die IHK übernimmt auch einige öffentlich-rechtliche Aufgaben, die eigentlich Aufgabe

   der Arbeitnehmer .......... O    der Arbeitgeber ...... O    des Staates ...... O
   der politischen Parteien O

   sind.

4 Privatrechtliche Arbeitgebervereinigungen sind freiwillig ....... O    von Staat erzwungen ..... O

5   Die BDA vertritt die Interessen der ................................................................ .

6   Das Fachwort für „Öffentlichkeitsarbeit" heißt ........................................................ .

7   Durch das ................................................. -Gesetz wird den Arbeitnehmern in der Bundesrepublik Deutschland erlaubt, sich zusammenzuschließen.

8   Das Fachwort für „Arbeitnehmervereinigungen" heißt ............................................................ .

9   Die Arbeitnehmervereinigungen können ihre Mitglieder vor dem ........................................ -Gericht vertreten.

10  Wieviel Einzelgewerkschaften gehören dem DGB zur Zeit an? ..............

11  Der DBB ist nach dem ..................................... -Prinzip gegliedert.

12  Welche Gewerkschaftsgruppe ist nach dem Industrieverbandsprinzip gegliedert? ...............................

13  Welcher Gewerkschaftsgruppe gehört der „Verband der Weiblichen Angestellten" an?
    DHV ....... O        ÖTV ....... O        DAG ....... O        IG-Metall ........ O        CGB ...... O

14  Welche Gewerkschaftsgruppe hat zur Zeit die meisten Mitglieder?
    DGB ....... O        CGB ....... O        Gewerkschaft der Polizei .... O        DBB ....... O
    DAG ....... O

15  Der „Auto Club Europa" (ACE) ist ein Unternehmen
    der IHK ........ O        des Staates ... O        der Gewerkschaften .... O
    der Arbeitgeberverbände .......... O

*Weiter im Informationsbuch!*

## 15.2   Gedächtnisaufgaben

16  Neutrale Schlichtungsstellen sollen Lohnerhöhungen ...... O  Urlaubszeitverkürzungen ....... O
    Arbeitskämpfe ..... O    Mitbestimmung der Arbeitnehmer im Betrieb ........ O      vermeiden oder beseitigen.

17  Angenommen, in einem Ausschuß sitzen 5 Arbeitgeberverteter und 5 Arbeitnehmervertreter. Dann ist dieser Ausschuß  parteilich ..... O  patriotisch ........... O  paritätisch ......... O  besetzt.

18  Wenn die Gewerkschaften ihre Mitglieder befragen, ob sie zu einem Streik bereit sind, spricht man von
    Koalition ...... O       paritätischer Mitbestimmung ....... O       Boykott ........ O
    Urabstimmung .... O      Aussperrung ........ O       Streik ..... O

19  Ein ........................................ Streik wird von den Gewerkschaften organisiert und ausgerufen.

20  Während eines Streiks bleibt das Arbeitsverhältnis grundsätzlich bestehen ... O nicht bestehen .. O

21  Nach herrschender Meinung haben ..................................... kein Streikrecht.

22  Bei einem ................. -Streik werden alle oder die lebenswichtigsten Unternehmen eines Landes bestreikt.

23  Als ..................... bezeichnet man solche Arbeitnehmer, die trotz Streik arbeiten wollen.

24  Unter ......................... versteht man die fristlose Entlassung aller Arbeitnehmer. Sie erfolgt meistens als Reaktion der Arbeitgeber auf einen Streik.

25  Die Weigerung der Arbeitgeber, bestimmte Arbeitnehmer einzustellen, bezeichnet man als
    ......................................... .

26  Streiks von sehr kurzer Dauer (ca. 1 Stunde) nennt man ........................................ -Streiks.

27 Für Streitigkeiten zwischen den Sozialpartnern über Tarifverträge ist das ....................-Gericht zuständig.

28 Das Bundesarbeitsgericht besteht aus ..................Berufsrichtern und ..........ehrenamtlichen Richtern.

29 Verhandlungen vor dem Arbeitsgericht in erster Instanz bezeichnet man als ..........................-Verhandlungen.

30 Gegen das Urteil eines Landesarbeitsgerichtes kann man unter Umständen ....................beim Bundesarbeitsgericht in der Stadt ...........einlegen.

## Verständnisaufgaben

31 Streikgeld

   a) wird nur bei wilden Streiks gezahlt .................................................... ◯
   b) wird nur an Streikbrecher gezahlt ..................................................... ◯
   c) wird von Arbeitgebern und Gewerkschaften je zur Hälfte ausgebracht ......................... ◯
   d) wird nur an Gewerkschaftsmitglieder gezahlt ........................................... ◯
   e) wird nur für die Zeit der Aussperrung gezahlt .......................................... ◯

32 Bringen Sie die Buchstaben A bis E in eine solche Reihenfolge, daß sich daraus der übliche Ablauf eines Tarifkonfliktes ergibt!

   A = Urabstimmung
   B = Verhandlungen werden für gescheitert erklärt
   C = Aussperrung
   D = Gewerkschaften legen ihre Forderungen vor
   E = Gewerkschaften rufen Streik aus

| | | | | |
|---|---|---|---|---|
| | | | | |

33 Für welche folgenden Ziele dürfen Arbeitnehmer notfalls streiken?

   a) Mehr Urlaub ...................................................................... ◯
   b) Senkung der Lohnsteuer .......................................................... ◯
   c) Abschaffung von Atomkraftwerken .................................................. ◯
   d) Absetzung des Bundeskanzlers ..................................................... ◯
   e) Einführung der 35-Stunden-Woche .................................................. ◯

34 Der Angestellte A gehört keiner Gewerkschaft an. Er wird, zusammen mit seinen Kollegen, ausgesperrt. Dadurch gerät er in erhebliche finanzielle Schwierigkeiten. Von wem kann er in dieser Lage finanzielle Unterstützung verlangen?

   a) Vom Sozialamt (Sozialhilfe) ...................................................... ◯
   b) Von seinem Arbeitgeber sein Gehalt für sechs Wochen ............................... ◯
   c) Von seinem Arbeitsamt (Arbeitslosengeld) .......................................... ◯
   d) Von der Gewerkschaft ............................................................ ◯
   e) Vom Arbeitgeberverband .......................................................... ◯

35 Weshalb darf man erst nach Erreichen eines bestimmten Streitwertes beim Landesarbeitsamt Berufung einlegen? .............................................................................
.........................................................................................
.........................................................................................

36 Wer darf ehrenamtliche Richter für die Arbeitsgerichte stellen?

   a) Die Gewerkschaften ............................................................. ◯
   b) Die Arbeitsämter ................................................................ ◯
   c) Die Landesregierungen ........................................................... ◯
   d) Die Arbeitgeberverbände .......................................................... ◯
   e) Das Justizministerium ............................................................ ◯

37 Arbeitnehmer A klagt vor dem Arbeitsgericht. Er verliert. Wer trägt die Gerichtsgebühren?

.......................................................................................................................

.......................................................................................................................

**↓**

**Qualifikationsaufgaben**

38 Die Kammern (z.B. die IHK) überwachen die Berufsausbildung und führen die Prüfungen durch. Was spricht Ihrer Meinung nach für und was gegen diese Regelung?

39 Die Mehrheit der Juristen vertritt heute die Auffassung, daß Beamte kein Streikrecht haben. Versuchen Sie, diese Auffassung zu begründen!

40 Die Gewerkschaften lehnen die Aussperrung als Arbeitskampfmaßnahme ab. Suchen Sie Gründe für und gegen die Aussperrung!

## 16. RECHTSNORMEN

### 16.1 Gedächtnisaufgaben

1 Ergänzen Sie das vorgezeichnete Schema!

```
            ┌──────────────────┐
        ┌───┤   Rechtsregeln   ├───┐
        │   └──────────────────┘   │
┌───────┴──────┐           ┌────────┴─────┐
│              │           │              │
└──────────────┘           └──────────────┘
```

2 Von wem werden Verordnungen erlassen? ...............................................................

3 Kreuzen Sie in der Tabelle an!

|  |  | a)  Handschlag | b)  Allgemeine Geschäftsbedingungen | c)  Wegerecht |
|---|---|---|---|---|
| 1 | Gewohnheitsrecht |  |  |  |
| 2 | Handelsbrauch |  |  |  |
| 3 | Verkehrssitte |  |  |  |

4 Tun oder Unterlassung werden durch das ...................................... Recht angeordnet.

5 Das Bürgerliche Gesetzbuch unterscheidet zwei Arten von Personen, nämlich ........................ Personen und ..................................... Personen.

6 Ergänzen Sie das vorgezeichnete Schema!

```
            ┌──────────────────────┐
        ┌───┤  Juristische Personen ├───┐
        │   └──────────────────────┘   │
┌───────┴──────┐              ┌────────┴─────┐
│              │              │              │
└──────────────┘              └──────────────┘
```

7 Welche der folgenden Personen sind „Juristische Personen"?

a) Rechtsanwalt ......................... ○       d) Rechtsanwaltskammer ........................... ○
b) Staatsanwalt .......................... ○       e) Bundesrepublik Deutschland ................. ○
c) Stadt Bonn ........................... ○       f) Irgendwer Verlag GmbH ....................... ○

8   Mit der Eintragung in das entsprechende Register erlangen juristische Personen ihre ........................
.............................................. .

9   Von der Vollendung des 7. Lebensjahres an bis zur Vollendung des ............. Lebensjahres werden natürliche Personen ........................ genannt. Sie sind dann ........................................ ge-schäftsfähig.

*Weiter im Informationsbuch!*


## 16.2 Gedächtnisaufgaben

10.   Als Maßstab für die Größe eines Unternehmens dienen gewöhnlich:

    a) ...........................      b) ..............................      c) ..............................

11   Nennen Sie die vier Arten der Vollkaufleute!

    a) ............................      c) ............................
    b) ............................      d) ............................

12   Bringen Sie vier Beispiele für Mußkaufleute nach § 1 HGB!

    a) ............................      c) ............................
    b) ............................      d) ............................

13   Die Ernennung von Prokuristen ist nur einem ........................................ Kaufmann erlaubt.

14   Eine eingetragene Genossenschaft hat die Eigenschaften eines ........................ -kaufmanns.

15   Der Inhaber eines Kiosks ist ........................ -kaufmann.


## Verständnisaufgaben

16   Von den folgenden Gesetzen gehören zum Zivilrecht:

    a) Bürgerliches Gesetzbuch ................... O      d) Straßenverkehrsordnung ................ O
    b) Zivilprozeßordnung ........................ O      e) Einkommensteuergesetz ................ O
    c) Handelsgesetzbuch ........................ O      f) GmbH-Gesetz .............................. O

17   Ein Minderjähriger kann rechtswirksame Geschäfte abschließen mit

    a) Mitteln aus seinem Taschengeld ......................................................... O
    b) Zustimmung des gesetzlichen Vertreters ........................................... O
    c) Mitteln aus einer Erbschaft ............................................................... O
    d) Mitteln, die er durch ein selbständiges Arbeitsverhältnis erworben hat ... O
    e) Mitteln, die ihm für einen bestimmten Zweck zur Verfügung gestellt wurden. ... O

18   Das „Institut für Umweltforschung GmbH" beschäftigt 300 Mitarbeiter. Es ist:

    a) Vollkaufmann wegen der vielen Mitarbeiter ....................................... O
    b) Formkaufmann, weil es eine GmbH ist .............................................. O
    c) kein Kaufmann, weil es nur eine juristische Person ist ....................... O
    d) Vollkaufmann, weil es auch ein Formkaufmann ist ............................ O
    e) Sollkaufmann, weil es einen organisierten Geschäftsbetrieb unterhält ... O

19  Ordnen Sie in der Tabelle dem beschriebenen Fall die zutreffende Kaufmannseigenschaft zu!

A  Ein Mühlenbetrieb hat 30 Beschäftigte und einen kaufmännisch organisierten Geschäftsbetrieb.
B  Ein Mühlenbetrieb ist als landwirtschaftlicher Nebenbetrieb kaufmännisch organisiert.
C  Ein Mühlenbetrieb hat die Unternehmensform einer Aktiengesellschaft.
D  Ein Mühlenbetrieb wird als Handwerksbetrieb von einem Müllermeister betrieben.
E  Ein Mühlenbetrieb hat die Unternehmensform einer eingetragenen Genossenschaft.

|   |                | A | B | C | D | E |
|---|----------------|---|---|---|---|---|
| 1 | Kannkaufmann   |   |   |   |   |   |
| 2 | Mußkaufmann    |   |   |   |   |   |
| 3 | Formkaufmann   |   |   |   |   |   |
| 4 | Sollkaufmann   |   |   |   |   |   |
| 5 | Minderkaufmann |   |   |   |   |   |

## Qualifikationsaufgaben

20  Das öffentliche Recht ist meist zwingend und nicht abänderbar. Erklären Sie diesen Satz anhand einiger Beispiele aus der Straßenverkehrsordnung! (Hinweise: Vorfahrtsregelung, Verkehrszeichen)

21  § 271 BGB lautet: „Ist eine Zeit für die Leistung weder bestimmt noch aus den Umständen zu entnehmen, so kann der Gläubiger die Leistung sofort verlangen, der Schuldner sie sofort bewirken." Erklären Sie an diesem Paragraphen den Ersatzcharakter des privaten Rechts!

## 17.  GEGENSTÄNDE DES RECHTSVERKEHRS – RECHTSGESCHÄFTE – VERTRAGSWESEN

### 17.1 Gedächtnisaufgaben

1  Die Gegenstände des Rechtsverkehrs werden eingeteilt in .............................................................. und
..................................................... .

2  Eigentum ist die ...................................... Herrschaft über eine Sache.
Besitz ist die .................................... Herrschaft über eine Sache.

3  Besitz von unbeweglichen Sachen wird durch ..................................... übertragen.

4  Um ein Rechtsgeschäft zu begründen, ist   eine Auflassung ◯   ein Aufgebot ◯   eine Urkunde ◯   eine Willenserklärung ◯   erforderlich.

5  Schweigen zu einer Willenserklärung bedeutet in der Regel ..................................... .

6  Die Schriftform mit öffentlicher Beglaubigung ist erforderlich bei   Mietverträgen ◯
Eheverträgen ◯   Anmeldungen zum Handelsregister ◯   Kauf von Grundstücken ◯
Bürgschaften ◯

7  Ein Vertrag kommt zustande durch

a) ein Angebot und dessen Annahme ........................... ◯
b) eine Bestellung ........................... ◯
c) Geldeinwurf in einen Fahrscheinautomaten ............. ◯
d) Ausstellen von Waren im Schaufenster ................. ◯
e) übereinstimmende Willenserklärungen ..................... ◯

8  Nennen Sie von den Rechtsgeschäften, die von Anfang an nichtig sind, mindestens vier!

a) ..................................................   b) ..................................................
c) ..................................................   d) ..................................................

9 Bei der Anfechtung von Rechtsgeschäften wegen Irrtums muß die entsprechende Erklärung

innerhalb eines Monats .................. ○     innerhalb eines Jahres ..................... ○

unverzüglich .................................. ○     sofort ........................................... ○

innerhalb von 48 Stunden ............. ○

erfolgen.

## Verständnisaufgaben

10 Ordnen Sie in der Tabelle die folgenden Anfgaben richtig zu!

a) Rennauto (Einzelanfertigung)     f) zerlegbare Bauhütte
b) Personenauto (Serienprodukt)     g) Zuchteber
c) einzelnes Hühnerei     h) Schlachtschwein
d) Päckchen Zigaretten     i) Palette Mauersteine
e) Geschäftshaus     k) Antike Vase

| | a | b | c | d | e | f | g | h | i | k |
|---|---|---|---|---|---|---|---|---|---|---|
| 1. bewegliche Sache | | | | | | | | | | |
| 2. unbewegliche Sache | | | | | | | | | | |
| 3. vertretbare Sache | | | | | | | | | | |
| 4. nicht vertretbare Sache | | | | | | | | | | |
| 5. teilbare Sache | | | | | | | | | | |
| 6. nicht teilbare Sache | | | | | | | | | | |

11 Ordnen Sie in der Tabelle die erforderlichen Formen richtig zu!

a) Grundstückskauf     d) Eintragung ins Handelsregister
b) Bürgschaft (Privatmann)     e) Eintragung ins Vereinsregister
c) Mietvertrag     f) Ehevertrag

| | a | b | c | d | e | f |
|---|---|---|---|---|---|---|
| 1. einfache Schriftform | | | | | | |
| 2. öffentliche Beglaubigung | | | | | | |
| 3. notarielle Beurkundung | | | | | | |

12 Ordnen Sie in der Tabelle die Vertragsart richtig zu!

a) Eine Lizenz wird vergeben     e) Jemand läßt ein Fell zu einem Mantel verarbeiten
b) Ein Arbeiter nimmt eine Stelle an     f) Im Supermarkt wird eingekauft
c) Jemand besorgt sich einen „Leihwagen"     g) Bei der Bank wird ein Kredit aufgenommen
d) Eine Wohnung wird gemietet     h) Eine Eigentumswohnung wird erworben

| | a | b | c | d | e | f | g | h |
|---|---|---|---|---|---|---|---|---|
| 1. Kaufvertrag | | | | | | | | |
| 2. Werkvertrag | | | | | | | | |
| 3. Dienstvertrag | | | | | | | | |
| 4. Darlehensvertrag | | | | | | | | |
| 5. Mietvertrag | | | | | | | | |

## Qualifikationsaufgaben

13 Im Hausflur eines Mietshauses hängt ein Schild mit der Aufschrift:

FAHRRÄDER ABSTELLEN VERBOTEN! – DER HAUSBESITZER

Was ist bei der Aufschrift falsch?

14 Begründen Sie, warum im kaufmännischen Geschäftsverkehr eine schriftliche Willensäußerung der mündlichen vorzuziehen ist.

15 Begründen Sie, warum eine Kündigung empfangsbedürftig ist.

16 Auf dem Gelände eines Gebrauchtwagenhändlers wird einem Interessenten ein Auto für 1.500,– DM angeboten. Der Kunde entfernt sich und kommt nach einer Stunde wieder. Jetzt soll dasselbe Auto 1.800,– DM kosten. Nehmen Sie Stellung!

## 18. ANGEBOT – KAUFVERTRAG

### 18.1 Gedächtnisaufgaben

1 Die Anfrage hat (eine, keine) ................................................... rechtliche Wirkung.

2 Um verbindlich zu sein, muß ein Angebot immer an ...................................................................................
gerichtet sein.

3 Ergänzen Sie das vorgezeichnete Schema!

4 Um Irrtümer und Streitigkeiten zu vermeiden, sollte besonders ein umfangreiches Angebot
...................................................... abgegeben werden.

5 Rabatt wird vom ........................... preis abgezogen, Skonto wird vom ................................................ preis
abgezogen.

6 Welche Rabattarten werden gewährt?

a) An Groß- und Einzelhändler: ........................................................
b) Bei Abnahme größerer Mengen: ........................................................
c) Bei langjährig bestehenden Beziehungen: ........................................
d) An Mitarbeiter: ...............................................................................

7 Ein nachträglich gewährter Rabatt heißt ................................................ .

8 Bruttogewicht minus Tara ergibt ............................................................ .

*Weiter im Informationsbuch!*

### 18.2 Gedächtnisaufgaben

9 Nennen Sie die drei Verpackungsarten!

a) ........................................  b) ........................................  c) ........................................

10 Die Kosten für Messen und Wiegen trägt der .......................................................... .

11 Die Angaben „bfn" oder „b/n" bedeuten: ................................................................
...........................................................................................................................

12 Als Grundsatz gilt: Warenschulden sind ........................................................ -schulden.

13 Als Grundsatz gilt: Geldschulden sind ............................................................schulden.

14 Ergänzen Sie das vorgezeichnete Schema:

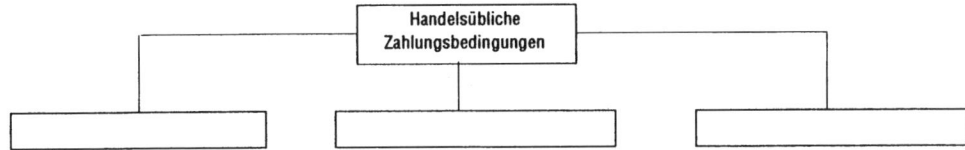

15 Wenn im Angebot keine Angaben über die Zahlung gemacht werden, dann kann ............................. Zahlung verlangt werden.

16 Ergänzen Sie das vorgezeichnete Schema!

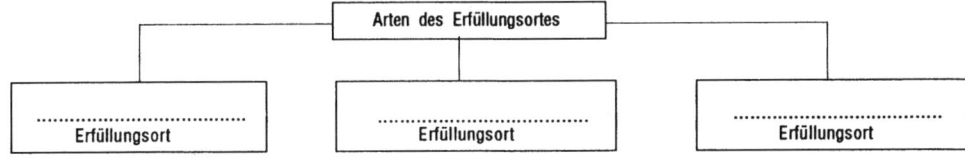

17 Bestellung ohne Angebot gilt als ............................................................................

**Verständnisaufgaben**

18 Der Listenpreis beträgt 180,– DM. Wie hoch ist der Barpreis nach Abzug von 15 % Rabatt und 3 % Skonto?

19 Begründen Sie, warum jeder Vertragspartner versucht, die Beförderungskosten für Waren möglichst niedrig zu halten!

20 Eine Rechnung, die am 26. Juni ausgestellt wurde, enthält den Vermerk: „Zahlbar innerhalb von 10 Tagen mit 2 % Skonto, in 30 Tagen netto Kasse."

Wann muß die Zahlung spätestens beim Lieferer eingehen, wenn

a) unter Skontoabzug bezahlt wird?    ...........................................................
b) netto Kasse bezahlt wird?    ...........................................................

21 Der Lieferer hat seinen Wohnsitz in Kassel, der Käufer wohnt in Wiesbaden. Dann muß, wenn im Kaufvertrag nichts anderes vereinbart wurde,

a) der Lieferer in ............................................... liefern.
b) der Käufer in ............................................... zahlen.
c) Der Ort des Gefahrenüberganges ist in ........................................................... .

22 Kreuzen Sie richtig an, um welche Kaufarten es sich handelt!

a) Ein Drogist kauft eine kleine Menge einer neuen Seife, um festzustellen, wie seine Kunden auf diese Seife reagieren. Bei gutem Absatz will er eine größere Menge nachbestellen.

b) Eine Schweinemästerei kauft 600 Tonnen Futtermittel. Die Lieferung soll in kleinen Teilmengen erfolgen.

c) Ein Fabrikant für Damenblusen kauft Stoffe nach Mustern, die dem Angebot beigefügt waren.

d) Ein Autohändler bestellt im voraus bei der Fabrik 150 Wagen. Entsprechend den Käuferwünschen gibt er später der Fabrik Nachricht, in welcher Ausstattung die einzelnen Wagen geliefert werden sollen.

e) Eine Hausfrau kauft eine Küchenmaschine auf Grund eines Katalogs, den sie von einem Versandhaus erhalten hat.

|   |                   | a | b | c | d | e |
|---|-------------------|---|---|---|---|---|
| 1 | Kauf auf Probe    |   |   |   |   |   |
| 2 | Kauf zur Probe    |   |   |   |   |   |
| 3 | Kauf nach Probe   |   |   |   |   |   |
| 4 | Kauf auf Abruf    |   |   |   |   |   |
| 5 | Spezifikationskauf |   |   |   |   |   |

## Qualifikationsaufgaben

23  Ein Straßenpassant sieht in einem Schaufenster eine Krawatte für 9,– DM. Im Geschäft verlangt er diese Krawatte. Der Verkäufer antwortet, diese ausgestellte Krawatte sei nicht mehr vorrätig. Kann der Kunde mit Berufung auf ein verbindliches Angebot die Krawatte trotzdem verlangen?

24  In einem Kaufvertrag wurde abgemacht: Erfüllungsort am Wohnsitz des Käufers, Lieferung ab Werk des Lieferers. Der Lastwagen eines Spediteurs verunglückt auf der Fahrt zum Käufer. Die Ware verbrennt. Muß der Käufer die Ware bezahlen?

25  Ein Kunde bestellt brieflich Ware bei einem Lieferer. Dieser liefert nicht. Kann der Kunde die Lieferung verlangen? Begründen Sie Ihre Antwort!

## 19. STÖRUNGEN BEIM KAUFVERTRAG

### 19.1 Gedächtnisaufgaben

1  Die Gewährleistungspflicht bedeutet für den Lieferer:......................................................................
.................................................................................................................................................

2  Im kaufmännischen Sprachgebrauch bedeutet

a) „sofort": ...............................................................................................................................
b) „unverzüglich": ......................................................................................................................

3  Eine ankommende Sendung muß sofort geprüft werden auf

a) Mängel in der Menge ................................   b) vollständige Stückzahl ...............................
c) Mängel in der Art ....................................   d) offene Mängel ...........................................
e) unversehrte Verpackung .........................   f) richtige Anschrift ........................................

4  Wenn bei einer ankommenden Sendung die äußere Verpackung beschädigt ist, muß sofort ein
..................................................aufgenommen werden.

5  Ein Privatmann muß eine unverlangt erhaltene Ware (aufbewahren, nicht aufbewahren) ....................
.......................... aber (zurücksenden, nicht zurücksenden) ........................ .

6  Ergänzen Sie das vorgezeichnete Schema!

| Auf einer Mängelrüge kann der Käufer wahlweise verlangen: |

7 Lieferverzug liegt vor, wenn

   a) .......................................................................................................................................

   b) .......................................................................................................................................

   c) .......................................................................................................................................

8 Bei Lieferverzug kann der Käufer vom Lieferer Schadenersatz verlangen

   a) für einen vermuteten Schaden in der Zukunft ..................................................... ○

   b) für einen tatsächlich nachgewiesenen Schaden ................................................. ○

   c) wegen verspäteter Lieferung grundsätzlich, auch wenn kein Schaden entstanden ist ........ ○

   d) für Schaden durch einen höheren Preis beim Deckungskauf ........................... ○

   e) wegen nachweislich entgangenen Gewinnes ....................................................... ○

9 Wenn der Käufer eine vertragsgemäße Lieferung nicht entgegennimmt, gerät er in ...........................
.................................................... .

10 Wenn Annahmeverzug vorliegt, darf der Lieferer

   a) vom Vertrag zurücktreten ....................................................................................... ○

   b) sich vollkommen in Schweigen hüllen ................................................................. ○

   c) die Ware bei sich aufbewahren und Klage auf Abnahme erheben ..................... ○

   d) leicht verderbliche Ware sofort anderweitig verkaufen...................................... ○

   e) vom Käufer Ersatz für alle Kosten verlangen ..................................................... ○

*Weiter im Informationsbuch!*

## 19.2 Gedächtnisaufgaben

11 Wenn der Schuldner nicht bis zum vereinbarten Zahlungstermin zahlt, ist...........................................
.................................................... eingetreten.

12 Ein „sanftes" außergerichtliches Mahnverfahren hat keinen Einfluß auf (Zinsen, Mängelrüge, Verjährungsfristen) ........................................................ .

13 Welche Begriffe kommen im Zusammenhang mit einem gerichtlichen Mahnverfahren normalerweise vor?

   a) Amtsgericht .................. ○   d) Urabstimmung ............ ○   g) Prozeßgericht ................ ○

   b) Antragsgegner .............. ○   e) Landgericht ................. ○   h) Protestbeamter .............. ○

   c) Hausfracht .................. ○   f) Antragsteller ............. ○   i) Notar ............................. ○

14 Nachdem der Mahnbescheid dem Antragsgegner zugestellt wurde, kann dieser in dreifacher Weise reagieren, nämlich

   a) .......................................................................................................................................

   b) .......................................................................................................................................

   c) .......................................................................................................................................

15 Die Widerspruchsfrist gegen einen Mahnbescheid beträgt .................... Wochen.

16 Einspruch gegen den Vollstreckungsbescheid kann der Antragsgegner innerhalb von ............ Wochen erheben.

17 Die Verhandlung vor dem Prozeßgericht kann vier verschiedene Ergebnisse haben, nämlich

   a) .......................................................................................................................................

   b) .......................................................................................................................................

   c) .......................................................................................................................................

   d) .......................................................................................................................................

18  Nach einem erfolglosen gerichtlichen Mahnverfahren bleiben die Ansprüche des Antragstellers noch ................. Jahre lang erhalten.

19  Kreuzen Sie in der Tabelle richtig an!

| Ansprüche | Es verjähren nach | | |
|---|---|---|---|
| | a) 2 Jahren | b) 4 Jahren | c) 30 Jahren |
| 1  von Kaufleuten an Private | | | |
| 2  auf Zinsen | | | |
| 3  von Privaten gegen Private | | | |
| 4  aus Darlehensforderungen | | | |
| 5  von Ärzten und Anwälten | | | |
| 6  von Masseuren und Heilpraktikern | | | |
| 7  auf Unterhaltsbeiträge | | | |

20  Die Verjährung wird unterbrochen durch

a) ein Gesuch auf Stundung ......................... ○        d) Tod des Gläubigers ................................. ○
b) Ratenzahlung ......................................... ○        e) starke Geldentwertung ........................... ○
c) Stillstand der Rechtspflege ..................... ○        f) gerichtlichen Mahnbescheid ................... ○

**Verständnisaufgaben**

21  Eine Anzugfabrik bezieht am 3. Mai Stoffe. Am 20. Juni sollen diese verarbeitet werden. Beim Aufwickeln der Ballen werden Webfehler entdeckt.

Bei diesem Sachverhalt handelt es sich um einen (offenen, verdeckten Mangel in der Art, in der Güte, in der Menge) ................................................................................. .

Wann muß dieser Mangel dem Lieferer gemeldet werden? .................................................

22  Bei einem Kaufhaus kommen 5 unversehrte Kartons an. Laut Kaufvertrag sollen sie 200 blaue und 300 rote Damenpullover enthalten. Bei der Kontrolle werden 300 blaue und 250 gelbe Pullover gezählt. Hier handelt es sich um

a) unverlangte Zusendung ...................... ○        d) Mangel in der Art ................................. ○
b) einen offenen Mangel ......................... ○        e) Mangel in der Menge ........................... ○
c) einen verdeckten Mangel ................... ○        f) Mangel in der Beschaffenheit ............... ○

23  Erklären Sie den Unterschied zwischen Wandlung und Umtausch!

24  Ordnen Sie die Pflichten des Lieferers beim Selbsthilfeverkauf in die richtige Reihenfolge!

a) Verkauf der Ware zum üblichen Marktpreis ..........................................................
b) Dem Käufer eine Abnahmefrist nennen ...............................................................
c) Dem Käufer den Aufenthaltsort der Ware nennen ................................................
d) Ort und Datum des Selbsthilfeverkaufes dem Käufer rechtzeitig mitteilen ............
e) Mit dem Käufer abrechnen ..................................................................................
f) Selbsthilfeverkauf androhen ...............................................................................

25  Die Forderung eines Arztes ist am 15. Januar 1991 entstanden. Sie verjährt am ................. .

26  Die Forderung eines Kaufmannes gegen einen anderen Kaufmann ist am 17. Juli 1991 entstanden. Am 1. Dezember 1991 gewährt der Gläubiger eine Stundung um 3 Monate. Die Verjährung tritt am ................. ein.

27 Die Forderung eines Transportunternehmens ist am 12. Dezember 1991 entstanden. Am 12. März 1992 schickt der Gläubiger eine briefliche Mahnung. Die Verjährung tritt am ............................................. ein.

28 Der Mieter einer Wohnung bleibt für die Monate März und April 1991 die Miete schuldig. Im Mai 1991 wird er gemahnt. Am 3. Juni 1991 zahlt er eine Rate von 50,— DM. Die restliche Forderung des Vermieters verjährt am ...................... .

**Qualifikationsaufgaben**

29 An eine Werkskantine sollten laut Kaufvertrag 500 Dosen Kirschen ohne Kern geliefert werden. Die Sendung enthielt 500 Dosen Kirschen mit Kern. Der Käufer verlangt Umtausch. Der Lieferer bietet die kostenlose Lieferung von zusätzlich 100 Dosen Ananaskonserven an. – Nehmen Sie zu diesem Fall Stellung!

30 An eine Konditorei sollen ...............usw. wie in der Aufgabe 29. – Nehmen Sie unter dem veränderten Gesichtspunkt Stellung!

31 Zu einer Jubiläumsfeier sollte das Restaurant „Grüner Frosch" laut Vertrag um 20.00 Uhr ein kaltes Buffet frei Haus liefern. Um 20.15 Uhr erklärt das Restaurant auf telefonische Anfrage, es habe die Lieferung vergessen. Daraufhin werden die Gäste per Taxi in ein anderes Restaurant gefahren und essen dort. – Nehmen Sie zu diesem Sachverhalt Stellung!

32 An eine Anzugfabrik wurden fehlerhafte Stoffe geliefert. Deswegen konnten 2 Zuschneidemaschinen und 7 Näherinnen 3 Stunden lang nicht arbeiten. Von dem Lieferer wird Ersatz für den Ausfall verlangt. Außerdem verlangt die Anzugfabrik Schadenersatz, weil sie nicht pünktlich liefern konnte und deswegen ein Kaufhaus angeblich als Kunde verlorenging. – Nehmen Sie zu diesem Fall Stellung!

33 Ein Lastzug mit frischen Erdbeeren wird auf dem Frankfurter Großmarkt vom Großhändler Abel mit der Begründung, die Ware entspreche nicht der vereinbarten Qualität, nicht angenommen. Der Großhändler Bebel übernimmt die Ware zu 75 % des abgemachten Preises. – Nehmen Sie zu diesem Fall Stellung!

34 Begründen Sie, warum es kaufmännisch sinnvoll ist, bei Zahlungsverzug erst eine „sanfte Mahnung" zu versuchen und erst danach, wenn immer noch nicht gezahlt wurde, ein gerichtliches Mahnverfahren einzuleiten!!

35 Geben Sie eine Begründung dafür, warum die Fristen bei einem gerichtlichen Mahnverfahren sehr kurz sind!

## 20. GERICHTE – VOLLMACHTEN

### 20.1 Gedächtnisaufgaben

1 In einem Rechtsstaat sind die Gerichte (von der Regierung, dem Parlament abhängig, unabhängig)
.......................................................... .

2 Ergänzen Sie das vorgezeichnete Schema!

Ordentliche Gerichte

3 Für Streitigkeiten zwischen Vollkaufleuten ist ............................................................................................
zuständig.

4 In der freiwilligen Gerichtsbarkeit ist das Landgericht mit ........................................................................
besetzt.

5 Die Kammer für Handelssachen beim Landgericht ist mit ..................................................................
und ...................................................... besetzt.

6 Ordnen Sie die folgenden Streitfälle den richtigen Fachgerichten zu!

a) Ein Rentner ist mit seinem Rentenbescheid nicht einverstanden.
b) Bei einem Steuerbescheid hat das Finanzamt einen Teil der Kosten, die den Gewinn mindern, nicht anerkannt.
c} Ein Bauherr will gegen Maßnahmen der Baubehörde klagen.
d) Nach einem Sympathiestreik will das Unternehmen Lohn für die ausgefallenen Stunden nicht zahlen.

|   |                  | a | b | c | d |
|---|------------------|---|---|---|---|
| 1 | Arbeitsgericht   |   |   |   |   |
| 2 | Sozialgericht    |   |   |   |   |
| 3 | Verwaltungsgericht |   |   |   |   |
| 4 | Finanzgericht    |   |   |   |   |

7 Die Klageschrift, mit der eine Zivilklage beginnt, muß enthalten:

a) ................................................................................................
b) ................................................................................................
c) ................................................................................................

*Weiter im Informationsbuch!*


## 20.2 Gedächtnisaufgaben

8 Bezeichnen Sie die Arten der erforderlichen Vollmachten!

a) Ein Auszubildender soll für das Unternehmen einen Büroschrank laut Angebot kaufen.
................................................................................................

b) Der Personalchef stellt zwei neue Mitarbeiterinnen ein.
................................................................................................

c) Ein Mitarbeiter im Verkauf macht einem Kunden ein Angebot.
................................................................................................

d) Die ständig im Geschäft mitarbeitende Ehefrau des Unternehmers erteilt einem Mitarbeiter eine Gesamtvollmacht.
................................................................................................

9 Der Inhaber einer Gesamtvollmacht darf

a) Prokura erteilen .......................... ○   d) Schecks unterschreiben .......................... ○
b) seine Vollmacht übertragen ................... ○   e) Grundstücke verkaufen ........................ ○
c) Waren einkaufen ........................... ○   f) Bilanzen unterschreiben ...................... ○

10 Handlungsvollmachten werden erteilt durch

a) ein Gericht ................ ○   c) den Unternehmer ........ ○   e) einen Prokuristen ........... ○
b) den Betriebsrat ............. ○   d) einen Notar ................ ○   f) die Handelskammer ........ ○

11 Nur ein Unternehmer, der ......................................... ist, darf Prokura erteilen.

12 Wer als Angestellter Prokura besitzt, ist .............................................. . Damit ist er gleichzeitig ein ................................... Angestellter.

## Verständnisaufgaben

13 Wegen einer Mängelrüge können zwei Vollkaufleute sich nicht einigen. Der Käufer verlangt einen höheren Minderungsbetrag als der Liefer zugestehen will. Er will den Lieferer deswegen auf Zahlung von 18 000,– DM verklagen. Die Klage muß ........................................................................................................ eingereicht werden.

14 Ein Vermieter verklagt einen Mieter (Privatperson), weil dieser eine Mieterhöhung nicht zahlen will. Das Amtsgericht entscheidet gegen den Vermieter. Der aber glaubt dennoch im Recht zu sein. – Welche Möglichkeiten hat der Vermieter?

15 Wegen einer Kaufpreisminderung hat die Kammer für Handelssachen eine Entscheidung gefällt. Der Lieferer muß 2.000,– DM nachlassen. Das erscheint ihm zu viel. – Welche Möglichkeiten hat der Lieferer?

16 Handlungsvollmachten haben in erster Linie den Zweck,

a) einen Angestellten für gute Leistungen zu belohnen ........................................................ O
b) die Lohnkosten zu senken ................................................................................................. O
c) den Unternehmer beim gewöhnlichen Geschäftsablauf zu entlasten ............................. O
d) Handelsvertretern den Abschluß von Geschäften zu erleichtern .................................... O
e) Umsatzsteuer zu sparen .................................................................................................... O

17 Die Prokura muß in das (Vereins-, Handels-, Zeichenregister) ..................................................
.................................................. eingetragen werden. Dazu ist eine

a) öffentliche Beglaubigung .................................... O,
b) notarielle Beurkundung .................................... O,
c) einfache Schriftform .................................... O

erforderlich.

## Qualifikationsaufgaben

18 Alle Menschen sind vor dem Gesetz gleich! – Nehmen Sie zu diesem Satz Stellung!

19 Ein Auszubildender schließt ohne eine ausdrückliche Vollmacht am Telefon einen Kaufvertrag ab. Er schickt dem Lieferer einen Bestätigungsbrief, den er mit seinem Namen und den Zusatz „i.V." unterschreibt. Bei Ankunft der Ware wird die Annahme verweigert. – Nehmen Sie zu diesem Sachverhalt Stellung!

20 Begründen Sie, warum die Prokura beim Tod des Unternehmers nicht erlischt!

21 Erklären Sie den Sinn einer Gesamtprokura!

## 21. WIRTSCHAFTLICHE ÜBERLEGUNGEN – ORGANISATION EINES UNTERNEHMENS

### 21.1 Gedächtnisaufgaben

1 Bedarf wird durch Werbung meistens    vergrößert O   verringert O   geweckt O beseitigt O .

2 Der Unternehmer kann fehlendes Eigenkapital    völlig O   teilweise O   gar nicht O durch Fremdkapital ersetzen.

3 Für das Mieten von Maschinen verwendet man auch den englischen Begriff „ .................................. ".

4 Absatzorientierte Betriebe müssen in der Nähe    der Kunden O   der Lieferanten O von Kraftwerken O   von Bodenschätzen O   liegen.

5   Das Lohngefälle innerhalb der Bundesrepublik Deutschland wird vor allem von absatzorientierten Betrieben ○ kapitalintensiven Betrieben ○ arbeitsintensiven Betrieben ○ ausgenutzt.

6   In Ballungsgebieten sind die Löhne höher ○ niedriger ○ als in Randgebieten.

7   Im Gebiet um die Stadt Krefeld gibt es besonders viele Wasserkraftwerke ○ Uhrenfabriken ○ Textilbetriebe ○ Werften ○ .

8   Welches Gebiet Deutschlands ist seit langem bekannt für die Herstellung von Uhren und Präzisionsgeräten? Münsterland ○ Hunsrück ○ Schleswig-Holstein ○ Schwarzwald ○ .

9   Das Fachwort für staatliche Unterstützung von Betrieben heißt „.................................................".

10  Für die Beschaffung großer Kapitalien eignet sich die Aktiengesellschaft ○ Einzelunternehmung ○ Personengesellschaft ○ besonders gut.

11  Ein gut ausgebautes Verkehrsnetz ist Bestandteil der .................................-struktur eines Landes.

*Weiter im Informationsbuch!*

## 21.2 Gedächtnisaufgaben

12  Das Hauptziel eines erwerbswirtschaftlich geführten Betriebes ist die ................................ -maximierung.

13  Die Festlegung der Teilziele einer Unternehmung ist Aufgabe der Abteilungsleiter ○ Unternehmensleitung ○ Sachbearbeiter ○ .

14  Das Hauptziel einer Unternehmung wird grundsätzlich in einem Schritt ○ mehreren Schritten ○ erreicht.

15  Das Fachwort für die betriebliche Stufenleiter heißt Unternehmens-„................................".

16  Der Betriebsgliederungsplan zeigt die Über- und Unterordnung der einzelnen Abteilungen ○ Stockwerke ○ Unternehmensziele ○

17  Ordnen Sie durch ein Kreuz die folgenden Mitarbeiter der entsprechenden Leitungsebene zu!

| | Berufsbezeichnung der Mitarbeiter | Leitungsebene | | |
|---|---|---|---|---|
| | | obere | mittlere | untere |
| a | Lagerleiter | | | |
| b | Personalleiter | | | |
| c | Werkmeister | | | |
| d | Geschäftsführer | | | |
| e | Betriebsleiter | | | |

18  Die Repräsentation eines Unternehmens ist Aufgabe des Sekretariats ○ der Rechtsabteilung ○ der oberen Leitungsebene ○ der Werbeabteilung ○ .

19  Den Versuch, zukünftige Ereignisse gedanklich vorwegzunehmen, bezeichnet man als Organisation ○ Improvisation ○ Planung ○ Statistik ○ .

20  Manager sind leitende Angestellte. Sie handeln wie ein ................................ .

21  Fallweise Regelungen betrieblicher Abläufe bezeichnet man als ................................, generelle Regelungen als ................................ .

22  Die Hauptaufgabe der Stabsabteilungen besteht in der Unterstützung des Sekretariats ○ der Unternehmensleitung ○ der Rechtsabteilung ○ der Sachbearbeiter ○ .

**Verständnisaufgaben**

23 Zu den Wirtschaftszweigen mit starkem Wachstum gehören die Bereiche

a) Fischerei ........................................ ○       d) Gesundheit ..................................... ○
b) Unterhaltung/Freizeit ...................... ○       e) Elektronik ...................................... ○
c) Säuglingsnahrung ......................... ○

24 Ballungsgebiete in der Bundesrepublik Deutschland sind

a) Rhein-Main-Gebiet ......................... ○       d) Raum Stuttgart ............................... ○
b) Rhön ............................................. ○       e) Ostfriesland ................................... ○
c) Lüneburger Heide .......................... ○

25 Ein Steinbruch ist in erster Linie

a) absatzorientiert ............................. ○       d) verkehrsorientiert .......................... ○
b) arbeitsorientiert ............................ ○       e) energieorientiert ........................... ○
c) rohstofforientiert ........................... ○

26 Die Ertragsteuer der Kapitalgesellschaften ist die

a) Einkommensteuer ......................... ○       d) Körperschaftsteuer ........................ ○
b) Umsatzsteuer ............................... ○       e) Kraftfahrzeugsteuer ...................... ○
c) Hundesteuer ................................ ○

27 Das Hauptziel eines erwerbswirtschaftlich geführten Unternehmens besteht normalerweise darin, möglichst

a) wenig Umsatzsteuer zu zahlen ............... ○       d) viel Gewinn zu machen ...................... ○
b) viel Fremdkapital zu verwenden ............. ○       e) viele Mitarbeiter zu beschäftigen ......... ○
c) hohe Subventionen zu erhalten ............... ○

28 Zu den Stabsabteilungen zählt man

a) die Organisationsabteilung ......................... ○       d) die Unternehmensleitung .............................. ○
b) die Buchhaltung ....................................... ○       e) die Rechtsabteilung .................................... ○
c) die Personalkantine .................................. ○

**Qualifikationsaufgaben**

29 Weshalb gewinnt die betriebliche Organisation immer mehr an Bedeutung?

30 Einzelhandelsbetriebe sind sehr lohnintensiv.

a) Weshalb nutzen sie kaum oder gar nicht das Lohngefälle innerhalb der Bundesrepublik aus?
b) Für welche Einzelhandelsbetriebe ist es relativ einfach, das Lohngefälle innerhalb der Bundesrepublik Deutschland auszunutzen? Begründen Sie Ihre Meinung!

## 22. FIRMA – HANDELSREGISTER

### 22.1 Gedächtnisaufgaben

1 Ergänzen Sie das vorgezeichnete Schema!

2 Die vier Firmengrundsätze sind:
a) ............................................................       c) ............................................................
b) ............................................................       d) ............................................................

3 Eine neu gegründete Firma muß angemeldet werden

    a) beim Gewerbeamt ........................................ ○     d) bei den Berufsgenossenschaften .............. ○
    b) beim Finanzamt ............................................ ○     e) bei den Gewerkschaften ........................... ○
    c) bei den Sozialversicherungen ................. ○     f ) bei der IHK ..................................................... ○

4 Das Handelsregister wird beim zuständigen ........................................................ geführt.

5 Alle Eintragungen in das HR werden nur auf (Antrag, Anweisung, Anordnung, Ansuchen) ...................
    ...................................... vorgenommen.

6 Der Antrag auf Eintragung in das HR kann gestellt werden:

    a) mündlich zu Protokoll ............................... ○
    b) schriftlich in beglaubigter Form ........................... ○
    c) schriftlich in beurkundeter Form ..................... ○
    d) formlos durch einen Rechtsanwalt ..................... ○

**Verständnisaufgabe**

7 An einem Ort gibt es die Firma Albert Schneider, Kleiderfabrik, und die Firma Adalbert Schneider, Kleiderfabrik. Albert Schn. stellt Herrenbekleidung, Adalbert Schn. stellt Damenbekleidung her. — Nehmen Sie zu diesem Sachverhalt Stellung!

**Qualifikationsaufgabe**

8 Begründen Sie, warum jeder Interessent das Handelsregister einsehen darf!

## 23. UNTERNEHMENSFORMEN I

### 23.1 Gedächtnisaufgaben

1 Eine Einzelunternehmen kann von ..................... geschäftsfähigen ...................................... begründet werden.

2 Eine Einzelunternehmung wird aufgelöst durch

    a) ..................................................................................
    b) ..................................................................................
    c) ..................................................................................

3 Füllen Sie die folgende Tabelle in Stichworten aus!

| | | a) Offene Handelsgesellschaft | b) Kommanditgesellschaft |
|---|---|---|---|
| 1 | Gründung: | mind.    Personen | mind.    Personen |
| 2 | Firma: | | |
| 3 | Haftung: | | |
| 4 | Geschäftsführung: | | |
| 5 | Gewinn-verteilung: | % v. Kapital vorweg, Rest | % v. Kapital vorweg, Rest |

4   Die offene Handelsgesellschaft ist besonders geeignet für

   a) industrielle Großbetriebe ........................... O   c) Ladenketten ................................................. O
   b) Familienunternehmen .............................. O   d) Großhandwerker ......................................... O

5   Die Vorteile der OHG gegenüber der Einzelunternehmung sind:

   a) kreditwürdiger ............................... O   c) Arbeitsteilung der Gesellschafter.............. O
   b) Entscheidungen schneller ......................... O   d) eine Person haftet allein .............................. O

6   Bei der Kommanditgesellschaft wird der Vollhafter ........................................................... genannt,
   und die Teilhafter werden ............................................................. genannt.

7   Der Vollhafter einer KG haftet mit ......................................................, der Teilhafter haftet
   mit ................................................ .

8   Die Teilhafter einer KG haben das Recht

   a) auf Einsicht in die Geschäftsbücher ...................................................... O
   b) auf Widerspruch bei außergewöhnlichen Geschäftshandlungen ............. O
   c) und die Pflicht zur Mitarbeit ...................................................... O
   d) auf Gewinnbeteiligung ...................................................... O

*Weiter im Informationsbuch!*

### 23.2 Gedächtnisaufgaben

9   Die GmbH ist eine .................................................... gesellschaft und damit gleichzeitig eine
   ............................................ Person.

10  Zur Gründung einer GmbH gehören

   a) ein Stammkapital von mindestens 100.000,– DM ...................... O
   b) mindestens zwei geschäftsfähige Personen ......................... O
   c) ein notariell beurkundeter Gesellschaftsvertrag ................. O
   d) ein öffentlich beglaubigter Gesellschaftsvertrag ............. O

11  Der Geschäftsführer einer GmbH wird von der ............................................... bestellt oder
   abberufen.

12  Hat eine GmbH in der Regel mehr als 2.000 Mitarbeiter, dann wird der Aufsichtsrat von ...................
   ...................................... und von .................................................
   gewählt.

13  Der Geschäftsführer einer GmbH

   a) muß sich nach den Weisungen der Gesellschafter genau richten ..................... O
   b) ist nur an allgemeine Richtlinien der Gesellschafter gebunden ..................... O
   c) entscheidet bei den täglich anfallenden Geschäften selbständig ................... O
   d) muß sich vor jeder Entscheidung mit dem Betriebsrat absprechen .................. O

14  Bei einer GmbH haftet

   a) jeder Gesellschafter beschränkt auf 20.000,– DM ........................... O
   b) jeder Geschäftsanteil voll ........................... O
   c) jeder Geschäftsanteil beschränkt zur Hälfte ........................... O
   d) das gesamte Kapital der GmbH ........................... O

### Verständnisaufgaben

15  Die Einzelunternehmung Paul Schenk geht an dessen Schwiegersohn Harald Abel, der alleiniger Inhaber wird, über. Wie kann die Firma künftig lauten?

a) Harald Abel ..................... ○    c) Paul Schenk Nachf. .... ○    e) Paul Schenk,
b) H. Abel ........................... ○    d) Harald H. Abel ............. ○       Inhaber Harald Abel ........ ○

16  Paul Schenk ist 55 Jahre alt und alleiniger Inhaber einer Kleiderfabrik. Er will einen Sohn und eine Tochter, die mit einem Beamten verheiratet ist und im Geschäft nicht mitarbeiten will, am Unternehmen beteiligen. Er selbst will sich zurückziehen, aber noch etwas Einfluß ausüben. Wie muß die Einzelunternehmung umgegründet werden? Begründen Sie Ihre Antworten!

17  An einer OHG sind A. mit 20.000,–, B. mit 30.000,– und C. mit 24.000,– DM beteiligt. Es wurde ein Jahresgewinn von 144.260,– DM erzielt. Wie ist nach den gesetzlichen Bestimmungen der Gewinn zu verteilen?

Die Gesellschafter erhalten:
A. ............................... DM;    B. ............................... DM;    C. ...................................... DM

18  Die Vorteile einer KG gegenüber einer OHG sind:

a) Kapitalbasis ist breiter ..................... ○    c) Gesellschafter haften nur mit der Einlage ............. ○
b) Entscheidungen schneller ............. ○    d) Gesellschafter reden überhaupt nicht mit ............ ○

19  Paul Schenk, als Einzelunternehmen Inhaber einer Kleiderfabrik in Joppen, gründet um in eine GmbH, weil er Kapital braucht. Kreuzen Sie an, wie die Firma dann richtig lauten kann!

a) Joppener Kleiderfabrik GmbH ........ ○    d) Kleiderfabrik Paul Schenk GmbH .......................... ○
b) Joppi GmbH .............................. ○    e) Paul Schenk,Kleiderfabrik GmbH ........................ ○
c) PauSche GmbH .......................... ○    f) 'Exquisit'-Kleiderfabrik in Joppen GmbH ............. ○

### Qualifikationsaufgaben

20  Geben Sie eine Begründung, warum eine BGB-Gesellschaft ins Handelsregister nicht eingetragen werden muß?

21  Begründen Sie, warum es für die verheirateten Gesellschafter einer OHG zweckmäßig ist, mit ihren Ehefrauen Gütertrennung zu vereinbaren!

22  Begründen Sie, warum die Erfolgsaussichten des Vollhafters einer KG größer sind als die eines Gesellschafters in einer OHG!

23  Paul Schenk war bis zu seinem Tode alleiniger Inhaber einer Kleiderfabrik. Seine Erben, das sind seine zwei Kinder und seine Ehefrau, verstehen nichts vom Geschäft. Sie gründen daher die 'Kleiderfabrik Schenk GmbH'. Sie suchen sich einen fach- und branchenkundigen Geschäftsführer und beteiligen diesen an der GmbH. – Nehmen Sie zu diesem Sachverhalt Stellung!

24  Ein Großunternehmen der Chemie stellt u.a. auch Kosmetika her, für deren Vertrieb die 'Bella-Kosmetik-Vertriebsgesellschaft mbH' gegründet wird. Das Stammkapital beträgt 100.000,– DM. Davon sind 99.500,– DM in den Händen des Chemie-Unternehmens und 500,– DM in den Händen des Vertriebsleiters, der damit Gesellschafter wird. Der Vertriebsleiter wird gleichzeitig Geschäftsführer. – Nehmen Sie zu diesem Sachverhalt Stellung!

## 24. UNTERNEHMENSFORMEN II

### 24.1 Gedächtnisaufgaben

1 Die Aktiengesellschaft ist eine .......................................................................gesellschaft und somit eine
...................................................... Person.

2 Die Teilhaber einer Aktiengesellschaft heißen ................................................... .

3 Setzen Sie die für eine Aktiengesellschaft zutreffenden Angaben ein!

    a) Eine AG kann von ............... Personen gegründet werden.

    b) Das Grundkapital einer AG muß mindestens .................... DM betragen.

    c) Die Firma muß eine ............................................... sein mit dem Zusatz ..........................
............................................... .

    d) Die Geschäftsführung besorgt der ...................................... .

    e) Der Anteil am Gewinn, den die Aktionäre erhalten, heißt ...................... .

    f) Die Aufsichtsorgane einer AG sind ...............................................................und
............................................... .

4 Der Aktionär hat das Recht auf

    a) Stimmabgabe in der HV ............... ○    d) Mitbestimmung im Vorstand ........................ ○

    b) Bezug junger Aktien ...................... ○    e) allgemeine Information in der HV ....................... ○

    c) Beteiligung am Gewinn.................. ○    f) jederzeitige Auskunft durch den Vorstand ........... ○

5 Aktien werden an der Wertpapierbörse gehandelt. Der Tageswert einer Aktie heißt .....................
...................................................... .

6 Aktienkurse werden bestimmt durch

    a) gesetzliche Bestimmungen ........... ○    d) die allgemeine Konjunkturlage ................................. ○

    b) die Gewinnerwartung .................... ○    e) den Aufsichtsrat einer AG ....................................... ○

    c) Angebot und Nachfrage ................ ○    f) die Gewerkschaften ................................................. ○

7 Einen beherrschenden Einfluß auf die AG hat, wer ......................................% der Aktien besitzt.

8 Die Hauptversammlung einer AG muß vom Vorstand (jeden Monat einmal, mindestens einmal jährlich, alle 6 Monate) ................................................................. einberufen werden.

*Weiter im Informationsbuch!*

### 24.2 Gedächtnisaufgaben

9 Die Mitglieder des Vorstandes werden ........................................................................................... für jeweils
........................... Jahre bestellt.

10 Der Aufsichtsrat einer AG wird von der ......................................................................... und von der
...................................... gewählt.

11 Die Aufgaben des Aufsichtsrates einer AG sind:

    a) Weisungen an die Betriebsbelegschaft zu erteilen ......................... ○

    b) Kontrolle der Geschäftsführung des Vorstandes ............................ ○

    c) Ständige Überwachung des Aktienkurses ...................................... ○

    d) Ausführliche Berichterstattung in der HV ...................................... ○

    e) Festsetzung der auszuschüttenden Dividende .............................. ○

    f) Ernennung der Mitglieder des Vorstandes .................................... ○

12  Die Aufgaben des Vorstandes einer AG sind:

   a) Vertretung der Firma nach außen ......................................... ○
   b) Weisungen an die Betriebsbelegschaft zu erteilen ............. ○
   c) Ordentliche Führung der Geschäfte ................................... ○
   d) Ernennung des Betriebsrates .............................................. ○
   e) Festsetzung der auszuschüttenden Dividende .................... ○
   f) Ausführliche Berichterstattung in der HV ........................... ○

13  Eine Genossenschaft will keinen Gewinn erzielen, sondern ...........................................
   Personen ........................................ unterstützen. Ein eventuell doch entstehender Gewinn
   wird ............................................ verteilt.

14  Setzen Sie die für eine Genossenschaft zutreffenden Angaben ein!

   a) Zur Gründung einer eG gehören ................... Personen.
   b) Die Firma einer eG ist eine ........................................ mit dem Zusatz ...........................
      ........................................ .
   c) Genosse einer eG kann nur werden, wer die Bedingungen des ...........................................
      ........................................ erfüllt.
   d) Jeder Genosse einer eG haftet nur bis zur Höhe ...........................................
      ........................................ .
   e) Der Vorstand einer eG muß aus mindestens ........ Personen bestehen.
   f) Der Vorstand einer eG wird von ........................................ gewählt.
   g) Aufsichtsorgane über die Geschäftsführung des Vorstandes sind...........................................
      und ........................................ .

15  Ergänzen Sie das vorgezeichnete Schema!

   ```
                    ┌──────────────────────────────────┐
           ┌────────┤   Arten von Genossenschaften     ├────────┐
           │        └──────────────┬───────────────────┘        │
   ┌───────┴───────┐    ┌──────────┴──────────┐    ┌─────────────┴─────┐
   │               │    │                     │    │                   │
   └───────────────┘    └─────────────────────┘    └───────────────────┘
   ```

16  Kreuzen Sie die für den Vorstand einer eG zutreffenden Merkmale an!

   a) Vertritt die eG nach außen .................................................... ○
   b) Hat ein Weisungsrecht an die Betriebsbelegschaft ..................... ○
   c) Kann die eG auflösen ........................................................... ○
   d) Muß der Generalversammlung ausführlich Bericht erstatten ........ ○
   e) Kann das Statut wenn notwendig ändern ................................. ○
   f) Führt die Geschäfte mit der Sorgfalt eines Kaufmannes ............. ○

   ⬇

**Verständnisaufgaben**

17  Bei einer AG haften die Aktionäre nicht direkt, sondern es haftet nur das Vermögen der Gesellschaft. – Geben Sie eine Begründung, warum daher die Bildung einer Rücklage gesetzlich vorgeschrieben ist!

18  An der Frankfurter Wertpapierbörse notierte BMW mit 485,– DM (Stückkurs). Erklären Sie diese
   Notierung!

19  Die HV beschließt eine Dividende von 18 %. Wieviel Dividende erhält ein Aktionär für eine 50-DM-
   Aktie?

20  Wie hoch ist die tatsächliche Verzinsung einer Aktien, die zum Stückkurs von 200 erworben wurde,
   wenn eine Dividende von 18 % gezahlt wird?

21 Ordnen Sie nach den angegebenen Merkmalen die entsprechende Art der Genossenschaft zu!

    a) Landwirte benutzen gemeinsam Maschinen.
    b) Winzer keltern und verkaufen ihre Weinernte gemeinsam.
    c) Textilgeschäfte kaufen gemeinsam ein.
    d) Landwirte gründen gemeinsam ein Geldinstitut (Raiffeisenkasse).
    e) Landwirte bringen ihre Erzeugnisse gemeinsam auf den Markt.
    f) Viele Interessenten wollen gemeinsam Wohnungen bauen.

| | | a | b | c | d | e | f |
|---|---|---|---|---|---|---|---|
| 1 | Einkaufsgenossenschaft | | | | | | |
| 2 | Absatzgenossenschaft | | | | | | |
| 3 | Betriebsgenossenschaft | | | | | | |
| 4 | Baugenossenschaft | | | | | | |
| 5 | Kreditgenossenschaft | | | | | | |

22 Ein Genosse hat vier Genossenschaftsanteile bei einer eG. In der Generalversammlung hat er ............... Stimme(n).

## Qualifikationsaufgaben

23 Bilanz und die G+V-Rechnung einer AG müssen im Bundesanzeiger veröffentlicht werden. Geben Sie hierfür eine Begründung!

24 Begründen Sie, warum sich besonders eine große Aktiengesellschaft tüchtige und teuere Mitarbeiter für Forschung und Entwicklung leisten kann!

25 Es fällt auf, daß gerade Landwirte häufig Genossenschaften bilden, z.B. Molkereigenossenschaften, Raiffeisengenossenschaften, Maschinengenossenschaften, Besamungsgenossenschaften, Entwässerungsgenossenschaften, Bewässerungsgenossenschaften und andere. – Geben Sie hierfür Begründungen!

## 25. UNTERNEHMENSZUSAMMENSCHLÜSSE

### 25.1 Gedächtnisaufgaben

1 Ergänzen Sie das vorgezeichnete Schema!

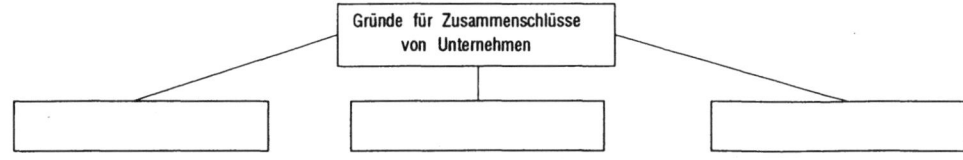

2 Ein Kartell entsteht durch

    a) Vertrag ....................................... ○    d) bloße mündliche Absprache ...................... ○
    b) Gesetz ........................................ ○    e) Anordnung des Wirtschaftsministers .......... ○
    c) Verlangen der Gewerkschaft ................... ○    f) Anweisung des Kartellamtes ...................... ○

3 Ordnen Sie in der folgenden Tabelle richtig zu!

a) Krisenkartell          c) Preiskartell          e) Produktionskartell
b) Exportkartell          d) Konditionskartell     f) Syndikat

| Zusammenschluß ist | a | b | c | d | e | f |
|---|---|---|---|---|---|---|
| 1  anmeldepflichtig |  |  |  |  |  |  |
| 2  genehmigungspflichtig |  |  |  |  |  |  |
| 3  verboten |  |  |  |  |  |  |

4 In einem Kartell sind die daran beteiligten Unternehmen

a) rechtlich selbständig ......................... ○    d) vertraglich gebunden .......................... ○
b) völlig unselbständig ......................... ○    e) von einer Dachgesellschaft abhängig ........ ○
c) wirtschaftlich selbständig .................... ○    f) wirtschaftlich eingeschränkt ................... ○

5 Kreuzen Sie die für einen Konzern zutreffenden Merkmale an!

a) Die beteiligten Unternehmen sind rechtlich selbständig ............................................. ○
b) Die beteiligten Unternehmen sind von der Muttergesellschaft abhängig ......................... ○
c) Konzerne werden vom Bundeskartellamt überwacht, um Machtmißbrauch zu verhindern .......... ○
d) Konzerne sind in der Bundesrepublik grundsätzlich verboten ...................................... ○
e) Konzerne entstehen durch Übernahme von Kapitalmehrheiten an anderen Unternehmen ......... ○

6 Um den Mißbrauch wirtschaftlicher Macht zu verhindern, müssen beabsichtigte Zusammenschlüsse genehmigt werden. Hierfür ist das ...........................................................................
zuständig.

**Verständnisaufgaben**

7 Begründen Sie, warum mehrere zusammengeschlossene Unternehmen die Kosten für Forschung und Entwicklung besser tragen können als ein einzelnes größeres Unternehmen.

8 Erklären Sie, warum ein Flaschenpool in der Getränkeindustrie für alle daran beteiligten Unternehmen von Nutzen ist!

9 Ordnen Sie die Konzernarten in der Tabelle richtig zu!

Die Produktionen umfassen:

a) Farben, Arzneimittel, Düngemittel, Kunststoffe
b) Kohleförderung, Chemie, Benzin, Stahl
c) Kohle, Koks, Stahl, Maschinenbau
d) Nährmittel, Arzneimittel, Maschinenbau, Haushaltsgeräte

| Konzern ist | a | b | c | d |
|---|---|---|---|---|
| 1  horizontal gegliedert |  |  |  |  |
| 2  vertikal gegliedert |  |  |  |  |
| 3  diagonal gegliedert |  |  |  |  |
| 4  anorganisch gegliedert |  |  |  |  |

**Qualifikationsaufgaben**

10 Begründen Sie, warum in einer Wirtschaftsordnung, wie sie in der Bundesrepublik Deutschland besteht, ein staatlich nicht gebundenes Monopol und Konzernbildungen unter Kontrolle gebracht werden müssen!

11 Begründen Sie die gesetzliche Verpflichtung der Konzerne zur Veröffentlichung von Konzernbilanzen!

## 26. BESTEUERUNG

### 26.1 Gedächtnisaufgaben

1 Steuern sind einmalige oder regelmäßige ..................................................... ohne Anspruch auf ..................................................... .

2 Die Person, die die Steuer an das Finanzamt abführen muß, wird als ...................................................... bezeichnet.

3 Die Steuereinnahmen in Milliardenhöhe lassen die öffentliche Finanzwirtschaft zu einem wichtigen Instrument der ..................................................... und ..................................................... werden.

4 Nennen Sie drei Verwendungsbereiche der Steuern!

   a) .............................    b) .............................    c) .............................

5 Die Einteilung der Steuern kann erfolgen nach:   a) .............................
   b) .............................
   c) .............................

6 Überprüfen Sie die Richtigkeit der folgenden Aussagen!

   a) Indirekte Steuern sind auf die Preise abwälzbar ........................................ O
   b) Direkte Steuern sind auf die Verbraucher abwälzbar ................................ O
   c) Personensteuern gehören zu den Besitzsteuern ...................................... O
   d) Steuern sind Zwangsabgaben ohne unmittelbare Gegenleistung ............ O
   e) Nach dem Steuerempfänger gibt es Bundes- und Landessteuern ........... O

7 Eine andere Bezeichnung für Realsteuer ist (sind):

   a) Personensteuer       d) Verkehrssteuer
   b) Objektsteuer          e) Verbrauchsteuer
   c) Sachensteuer          f) Direkte Steuer

8 Verbrauchsteuern sind Bundessteuern. Welche Verbrauchsteuer ist als einzige

   a) eine Landessteuer? .....................................................
   b) eine Gemeindesteuer? .....................................................

9 Nennen Sie drei Personensteuern, die sowohl Bundes- als auch Landessteuern sind:

   a) .....................................................
   b) .....................................................
   c) .....................................................

*Weiter im Informationsbuch*

## 26.2 Gedächtnisaufgaben

10 Die Einkommen/Vermögen natürlicher und juristischer Personen werden durch die ..................................... versteuert.

11 Die Ermittlung der Einkünfte aus Gewerbebetrieb erfolgt durch die Gegenüberstellung von Einnahmen und ............................... .

12 Die Ermittlung der Einkünfte aus nichtselbständiger Tätigkeit erfolgt durch die Gegenüberstellung von Einnahmen und ........................... .

13 Einkommen- und Lohnsteuer unterscheiden sich lediglich durch die Art des

    a) Veranlagungsverfahrens ................................. O
    b) Abzugsverfahrens ........................................ O
    c) Erhebungsverfahrens .................................. O

14 Bei der Einkommensteuer wird das ...........................-Verfahren angewandt, der Steuerzahler macht vierteljährlich ........................ . Bei der Lohnsteuer wird das ........................-Verfahren angewandt; der ........................ überweist die Lohnsteuer monatlich.

15 Die Einkommen sind steuerfrei a) ...................... bei Ledigen bis zu ...................... DM
    b) bei Verheirateten bis zu .................. DM

16 Der untere Steuertarif beginnt mit    0 % O     19 % O     53 % O

17 Die gemeinsame Veranlagung von Ehepaaren heißt   a) Leasing .................. O
                                                  b) Holding .................. O
                                                  c) Splitting .................. O

18 Wie heißen die entsprechenden Fachbezeichnungen?

    1 Nullzone                    1 ................................
    2 Prozentuale Steuerbelastung    2 ................................
    3 Ansteigender Steuersatz      3 ................................
    4 Gleichbleibender Steuersatz    4 ................................

19 Ergänzen Sie!      Summe der Einkünfte
                  – Werbungskosten
                  – ................................
                  – außergewöhnliche Belastungen
                  – Freibeträge
                  = ................................

20 Von wem erhält der Arbeitnehmer seine Lohnsteuerkarte?

    Arbeitgeber O        Finanzamt O        Arbeitsamt O        Wohngemeinde O

21 Der persönliche Stand des Steuerpflichtigen wird durch Eintragung der ........................... in der Lohnsteuerkarte berücksichtigt.

22 Was hat der Arbeitgeber in die Lohnsteuerkarte einzutragen?

    a) ................................
    b) ................................
    c) ................................

23 Zuviel gezahlte Steuern erhält der Arbeitnehmer wieder zurück durch:

    Einkommensteuererklärung ............ O    Splittingverfahren ...................... O
    Lohnsteuerjahresausgleich .............. O    Veranlagungsverfahren ............ O

*Weiter im Informationsbuch*

## 26.3 Gedächtnisaufgaben

24   Welche Personen bezahlen Körperschaftsteuer? ...............................

25   Personensteuern sind:   a)  Umsatzsteuer ................... ○      d)  Vermögensteuer .............. ○
                             b)  Lohnsteuer ...................... ○      e)  Erbschaftsteuer .............. ○
                             c)  Tabaksteuer .................... ○      f)  Körperschaftsteuer .......... ○

26   Bis zu welcher Höhe wird das Reinvermögen einer Einzelperson von der Vermögensteuer befreit?

   140.000,– DM   ................. ○
   10.000,– DM   ................. ○
   70.000,– DM   ................. ○

27   Steuerbeträge aus Grund- und Gewerbesteuer fließen den ............................................ zu.

28   Die Gewerbesteuer wird berechnet aus:   a)  Gewerbegewinn
                                             b)  Gewerbeumsatz
                                             c)  Gewerbekapital
                                             d)  Gewerbeertrag
                                             e)  Gewerbevermögen

29   Die ergiebigste Verkehrsteuer ist die ........................................................ .

30   Steuerträger bei der Umsatzsteuer ist der ..............................................; Steuerpflichtiger ist
     der ............................................... .

31   Verbrauchsteuern werden in den Verkaufspreisen

   a)  nicht berücksichtigt
   b)  einkalkuliert und im Preis kenntlich gemacht
   c)  einkalkuliert und im Preis nicht kenntlich gemacht

32   Welche zwei Zollarten werden heute in der Bundesrepublik nicht mehr erhoben?

   a)  Schutzzölle        c)  Ausfuhrzölle
   b)  Finanzzölle        d)  Durchfuhrzölle

## Verständnisaufgaben

33   Ordnen Sie die Buchstaben a–b den Zahlen 1–8 zu!

   a)  Direkte Steuern       1  Biersteuer ........................
   b)  Indirekte Steuern     2  Mineralölsteuer ........................
                             3  Lohnsteuer ........................
                             4  Umsatzsteuer ........................
                             5  Vermögensteuer ........................
                             6  Tabaksteuer ........................
                             7  Kirchensteuer ........................
                             8  Erbschaftsteuer ........................

34   Überprüfen Sie die folgenden Aussagen!

   a)  Die einzigen Einnahmen des Staates sind Steuern .......................................................... ○
   b)  Der Steuerzahler kann über die Verwendung der Steuern unmittelbar mitentscheiden. .............. ○
   c)  Steuern sind zweckgebundene Einnahmen; die Mineralölsteuer wird daher nur für den
       Straßenbau verwendet. ...................................................................................... ○
   d)  Die Lohn- bzw. Einkommensteuer ist die größte Einzelsteuer des Staates. .......................... ○
   e)  Die höchsten Staatsausgaben werden im Bereich 'Bildungswesen' aufgewendet. ...................... ○

35 Das zu versteuernde Jahreseinkommen eines Ehepaares beträgt:   Er   22.000,— DM
                                                                   Sie  10.000,— DM

    Prüfen Sie die Aussagen.

    a) Eine Zusammenveranlagung lohnt nicht, weil er viel mehr als sie verdient. ...................... O
    b) Es ist ratsam, daß er das Splittingverfahren anwendet, sie sollte jedoch darauf verzichten. ........ O
    c) Durch das Splittingverfahren kommen beide in die Progressionszone. ............................ O
    d) Das Splittingverfahren lohnt sich, denn er kommt aus der Progressionszone heraus. ............ O
    e) Die Anwendung des Splittingverfahrens muß beim Finanzamt genehmigt werden.. .............. O

36 Überprüfen Sie die Aussagen über die Progression der Lohn- bzw. Einkommensteuer.

    a) Die Progression soll verhindern, daß der einzelne zu stark besteuert wird. ...................... O
    b) Die Progression soll einen Anreiz für Einkommenssteigerungen sein. .......................... O
    c) Die Progression gilt nur für Selbständige, nicht für Unselbständige. .......................... O
    d) Die Progression soll den Besserverdienenden mit mehr Steuern belasten und zu einer
       Einkommensumverteilung führen. .............................................................. O
    e) Die Progression soll den Staatshaushalt ausgleichen. ...................................... O

37 Was wird das Finanzamt der Buchhalterin Fleißig als Werbungskosten anerkennen?

    a) Gebühren eines Bilanzbuchhalterlehrgangs. .................................................. O
    b) Kosten eines Kostüms, das sie vorwiegend im Büro tragen möchte. ............................ O
    c) Gewerkschaftsbeiträge. ...................................................................... O
    d) Ausgaben für ein Wirtschaftslexikon. ........................................................ O
    e) Fahrtkosten zwischen Wohnort und Arbeitsort mit dem Zug 1. Klasse. ...................... O

38 Ergänzen Sie die Übersicht!

| | Werbungs- kosten (a) | Sonder- ausgaben (b) | Außergewöhn- liche Belastungen (c) | Frei- beträge (d) | Keine Abzugs- möglichkeit (e) |
|---|---|---|---|---|---|
| 1 Vorsorgeaufwendungen für die Kranken-, Renten- und Arbeits- losenversicherung | | | | | |
| 2 Aufwendungen für eine Urlaubs- reise | | | | | |
| 3 Geringfügige Zinsen aus Ersparnissen | | | | | |
| 4 Hausratversicherung | | | | | |
| 5 Spenden an eine politische Partei | | | | | |
| 6 Geleistete Kirchensteuer | | | | | |
| 7 Weißer Arbeitskittel | | | | | |
| 8 Weihnachtsgeld | | | | | |
| 9 Steuerberatungskosten | | | | | |
| 10 Kosten durch einen Sterbefall | | | | | |
| 11 Kosten eines Arbeitszimmers für einen Lehrer | | | | | |
| 12 Unterstützung eines kranken, arbeitslosen Kindes durch die Eltern | | | | | |

39 Ordnen Sie die Aussagen a—j den entsprechenden Begriffen 1—10 zu!

a) Steuersatz 22 % gleichbleibend ............................. Splitting ........................................ 1

b) Angabe des Einkommens eines Steuerpflichtigen
beim Finanzamt ...................................... Steuerbescheid ........................... 2

c) Einkommen zwischen 8.153,– DM und
120.042,– DM bei Ledigen ...................... Grundfreibetrag ......................... 3

d) In der Lohnsteuertabelle bereits eingearbeitete
Freibeträge ................................................ Steuertarif .................................. 4

e) Die Umsatzsteuer hat der Verbraucher zu
tragen ........................................................ Steuererklärung .......................... 5

f) Ein Schüler verdient in den Ferien 2.000,– DM; er
zahlt jedoch keine Lohnsteuer .................. Steuerüberwälzung ..................... 6

g) Ein Ehepaar wird steuerlich gemeinsam
veranlagt .................................................... Obere Proportionalzone ............. 7

h) Ein Steuerpflichtiger erhält eine Mitteilung
über die Veranlagung ................................ Pauschalbetrag ........................... 8

i) Steuersatz gleichbleibend 53 % ............... Untere Proportionalzone ........... 9

j) Prozentuale steuerliche Belastung ............ Progressionszone .................... 10

40 Tragen Sie die entsprechenden Steuerklassen I–VI ein!

a) Ein verwitweter Angestellter arbeitet als Buchhalter. ................................................

b) Beide Ehepartner sind berufstätig und keiner wird nach Klasse III besteuert. ..............

c) Ein Verkäufer kellneriert regelmäßig in den Abendstunden gegen Entgelt, um sein
Einkommen zu verbessern. .........................................................................................

d) Ein berufstätiger Witwer hat zwei Kinder. ...................................................................

e) Der Ehemann wird nach Klasse III besteuert, die Ehefrau nimmt eine Halbtagsstelle an.

f) Eine geschiedene Ehefrau (kinderlos) wird wieder berufstätig. ....................................

g) Ein Ehemann verdient gut; die Ehefrau bleibt wegen der Kinder zu Hause. ..................

41 Überprüfen Sie die Aussagen über die Umsatzsteuer!

a) Die Umsatzsteuer begünstigt Bezieher kleiner und mittlerer Einkommen. ........................ O

b) Die Umsatzsteuer ist für die Unternehmen ein entscheidender Kostenfaktor. ................... O

c) Die Umsatzsteuereinnahmen des Staates sind – unabhängig von der Konjunktur – von
Jahr zu Jahr gleich groß. ............................................................................................. O

d) Die Umsatzsteuer belastet die Bezieher niedriger Einkommen relativ stärker als die
Bezieher hoher Einkommen ......................................................................................... O

e) Die Umsatzsteuer führt zu einer gerechten Einkommensverteilung .................................. O

42 Warum wird von einem Gesetz der wachsenden Staatsausgaben gesprochen?

a) Weil die Bevölkerung ständig wächst ............................................................................ O

b) Weil der Staat immer mehr Versorgungsstaat wird ......................................................... O

c) Weil die Verteidigungslasten immer größer werden ....................................................... O

d) Weil die öffentlichen Betriebe nicht nach erwerbswirtschaftlichem Prinzip geführt werden .......... O

e) Weil der Bedarf an Kollektivgütern immer stärker wächst .............................................. O

**Qualifikationsaufgaben**

43 Der prozentuale Anteil der Steuern am gesamten Sozialprodukt wird als Steuerlastquote bezeichnet.
Diese liegt in den meisten westlichen Industrienationen zwischen 40 % und 50 %.

Welche Folgen hätte ein Anstieg der Steuerlastquote?

44 Beschreiben und erklären Sie den Einkommensteuertarif anhand der Begriffe: Freibetrag, Steuerbe-
lastung, Steuertarif, Proportionaltarif, Progressionstarif.

45 Nehmen Sie Stellung zu folgenden Fragen:

 a) Mit welcher Begründung lassen sich Steuern rechtfertigen?
 b) Ist es nicht 'gerechter' und einfacher, für alle Bürger eine einheitliche Steuer festzusetzen?
 c) Welche Schwierigkeiten ergeben sich bei einer Steuervereinfachung?

## 27. NOTLEIDENDES UNTERNEHMEN

### 27.1 Gedächtnisaufgaben

1 Die Ursachen für Zahlungsschwierigkeiten sind:
 a) .................................... c) ....................................
 b) .................................... d) ....................................

2 Zu den innerbetrieblichen Ursachen für Umsatzrückgang gehören:

 a) vernachlässigte Kundenpflege ................ ○   d) allgemeine Konjunkturschwäche ............... ○
 b) falsches Sortiment .................................... ○   e) verschärfter Wettbewerb ........................... ○
 c) mangelhafte Leistungen ........................... ○   f) Verknappung der Rohstoffe ...................... ○

3 Zu den innerbetrieblichen Ursachen für Gewinnrückgang gehören:

 a) zu späte Rationalisierung........................... ○   d) Preisverfall durch billige Importe................ ○
 b) falsche Preispolitik .................................... ○   e) zu hohe Privatentnahmen ........................ ○
 c) zu hohe Kosten ....................................... ○   f) Preisverfall durch Überangebote ............... ○

4 Die Maßnahmen zur Abwendung von Zahlungsschwierigkeiten nennt man
 .......................................................................... .

5 Die Sanierung eines Unternehmens umfaßt zwei Arten von Maßnahmen, nämlich

 a) .................................................... b) ....................................................

6 Zu den organisatorischen Maßnahmen der Sanierung gehören:

 a) Zahlungsaufschub ..................................... ○   d) Entlassung ungeeigneter Mitarbeiter ........ ○
 b) Kapitalerhöhung ........................................ ○   e) Straffung der Kostenkontrolle ................... ○
 c) Umschuldung ........................................... ○   f) Anpassung des Sortiments an den Bedarf. ○

*Weiter im Informationsbuch!*

### 27.2 Gedächtnisaufgaben

7 Mit dem gerichtlichen Vergleich soll ein drohendes .............................. abgewendet werden.

8 Den Vergleichsantrag kann nur der ...................... bei dem zuständigen ...................... stellen.

9 Nach Eingang des Vergleichsantrages trifft das Gericht drei Maßnahmen, nämlich

 a) ........................................................................
 b) ........................................................................
 c) ........................................................................

10 Das Gericht lehnt den Vergleichantrag ab, wenn

 a) die Buchführung mangelhaft ist. ............... ○   d) die IHK vorher ablehnt. ............................ ○
 b) der Betrieb keine Aufträge hat.................. ○   e) der Schuldner flüchtig ist ........................ ○
 c) der Schuldner leichtsinnig war ................. ○   f) der Betriebsrat ablehnt ............................ ○

11  Wenn das Vergleichsverfahren durchgeführt werden kann, verfügt das Amtsgericht:

a)  .............................................................
b)  .............................................................
c)  .............................................................

12  Wenn bei einem Vergleichstermin die Gläubiger nicht zustimmen, wird
ein ................................................................. vom Gericht beschlossen.

13  Während der Dauer eines Vergleichsverfahrens sind (Zahlungen, Entlassungen,
Zwangsvollstreckungen) ................................................................. nicht statthaft.

*Weiter im Informationsbuch!*

## 27.3 Gedächtnisaufgaben

14  Voraussetzungen für ein Konkursverfahren sind:

a)  .................................................................................
b)  .................................................................................

15  Ein Gläubiger kann Konkursantrag gegen einen Schuldner nur dann stellen, wenn
er ...................................................................................... .

16  Die Einstellung eines Konkursverfahrens 'mangels Masse' wird verfügt,
wenn ...................................................................................... .

17  Die Folgen aus der Konkurseröffnung sind:

a) Der Schuldner verliert sein Verfügungsrecht ................................... O
b) Ein Konkursverwalter wird eingesetzt ............................................ O
c) Der Betrieb hört mit der Produktion auf ........................................ O
d) Die Konkurseröffnung wird in das HR eingetragen ......................... O
e) Alle Mitarbeiter werden entlassen. .............................................. O

18  Bei einem Konkurs ausgesonderte Sachen

a) gehören nicht zur Konkursmasse ................................................. O
b) gehören anderen Eigentümern ..................................................... O
c) gehören der Betriebsbelegschaft .................................................. O
d) gehen an die Eigentümer zurück .................................................. O
e) bekommt das Finanzamt ............................................................. O

19  Setzen Sie die Reihenfolge, in der die Konkursmasse verteilt wird, richtig ein.

a) bevorrechtigte Forderungen ............................
b) gewöhnliche Forderungen ..............................
c) Verweganspüche ........................................

20  Die bevorrechtigten Forderungen aus dem letztenJahr vor dem Konkurs werden in folgender Reihenfolge verteilt:

a) rückständige Steuern .....................................
b) Forderungen von Verbänden .........................
c) Lohn- und Gehaltsforderungen .....................
d) Forderungen von Ärzten ...............................
e) Forderungen von Kindern .............................

21  Nach Erledigung des Konkurses ................................................. die Firma.

**Verständnisaufgaben**

22 Der außergerichtliche Vergleich hat den Zweck,

a) einen Konkurs zu vermeiden ................... ◯    d) eine Kapitalerhöhung zu erreichen ............ ◯
b) Arbeitsplätze zu erhalten ......................... ◯    e) Zahlungsschwierigkeiten zu
c) Steuern zu sparen ..................................... ◯      beseitigen ..................................................... ◯

23 Begründen Sie die Zweckmäßigkeit der gesetzlichen Bestimmung, wonach während eines gerichtlichen Vergleichsverfahrens Zwangsvollstreckungen nicht statthaft sind!

**Qualifikationsaufgaben**

24 Begründen Sie, warum der Umsatz eines Markenartikels zurückgeht, wenn die Werbung dafür eingestellt wird!

25 Begründen Sie, warum steigende Kosten bei gleichbleibenden Verkaufspreisen zum Rückgang des Gewinns führen!

26 Erklären Sie, welche Gründe ein Lieferer haben könnte, seinem Schuldner die Zahlung teilweise zu erlassen!

27 Erklären Sie, welchen Sinn die Eintragung des Konkursverfahrens in das Handelsregister hat!


## 28. GRUNDLAGEN DER BESCHAFFUNG

### 28.1 Gedächtnisaufgaben

1 Im Prozeß der betrieblichen Leistungserstellung ist die Lagerung den betrieblichen Funktionen ......................... und ......................... zwischengeschaltet.

2 Nennen Sie drei betriebliche Beschaffungsstellen.

a) ...............................    b) ...............................    c) ...............................

3 Die Beschaffungsplanung ist mit der .....................planung und der .....................planung abzustimmen.

4 Die Absatzmöglichkeiten bestimmen den ..................................... .

5 Wann eingekauft werden soll, bestimmt die ..................................... . Was eingekauft werden soll, bestimmt die .....................planung. Wieviel eingekauft werden soll, bestimmt die .....................planung.

6 Werden die Kostennachteile großer Lagerbestände durch die Preisvorteile großer Einkaufsmengen aufgehoben, dann liegt die ..................................... vor.

7 Wie kann ein Einkäufer neue Bezugsquellen ausfindig machen?

Lieferantenkartei ◯      Branchenverzeichnisse ◯
Warenkartei ◯           Vertreterinformationen ◯
Bestellkartei ◯          Fachmessen ◯

8 Um Angebotspreise verschiedener Anbieter miteinander vergleichbar zu machen, müssen alle Angebotspreise auf den ..................................... umgerechnet werden.

9 Zu den wichtigsten Aufgaben der Beschaffungsplanung zählt die .....................
..................................... .

*Weiter im Informationsbuch!*

## 28.2 Gedächtnisaufgaben

Nennen Sie zu den Aufgaben 10–15 die erforderlichen Hilfsmittel der Einkaufsplanung!

Hilfsmittel

10 Übersichtliche Aufzeichnung aller Artikel eines bestimmten Lieferers. ....................... ...............................................

11 Heutige Bedarfsermittlung aufgrund früherer Umsätze ................................................ ...............................................

12 Ermittlung der noch ausstehenden, aber schon bestellten Ware ................................ ...............................................

13 Übersichtliche Aufzeichnung aller Lieferer einer bestimmten Ware .............................. ...............................................

14 Ermittlung der Warenbestände durch Verrechnung von Anfangsbestand, Zugängen und Abgängen .......................................... ...............................................

15 Information der Einkaufsabteilung über benötigte Waren ................................................. ...............................................

## Verständnisaufgaben

16 Hohe Beschaffungsausgaben

a) erhöhen die Kosten ............................................................................... ○
b) verringern die Konkurrenzfähigkeit ..................................................... ○
c) schwächen den Absatz ........................................................................ ○
d) schmälern den Gewinn ......................................................................... ○
e) verringern den Einstandswert der Waren ........................................... ○

17 Was ist eine Bedarfsmeldung?

a) Meldung des Einkaufs an das Lager vor einer Bestellung ...................... ○
b) Meldung des Lagers an den Einkauf bei Lieferung mangelhafter Waren ...................... ○
c) Meldung des Lagers an den Einkauf nach Überprüfung der gelieferten Waren ........................................................................................................ ○
d) Meldung des Lagers an den Einkauf, sobald der Meldebestand erreicht ist und neu zu bestellen ist ..................................................................... ○

18 Wovon hängt es ab, welche Warenmengen zu bestellen sind?

a) von der vorhandenen Lagermöglichkeit ............................................... ○
b) vom voraussichtlichen Absatz .............................................................. ○
c) vom Lagerverwalter .............................................................................. ○
d) von der vorhandenen Zahlungsfähigkeit .............................................. ○
e) von noch vorhandenem Lagerbestand .................................................. ○

19 Die optimale Bestellmenge ist die Einkaufsmenge,

a) bei der man den größten Mengenrabatt erhält ..................................... ○
b) bei der der Betrieb am meisten Ware kaufen kann .............................. ○
c) bei der der Betrieb schnellstmögliche Warenlieferung zugesichert bekommt ............... ○
d) bei der sich die Nachteile erhöhter Lagerhaltung durch die Preisvorteile größerer Einkaufsmengen wieder aufheben ......................................... ○
e) bei der die Nachteile erhöhter Lagerhaltung größer sind als die Preisvorteile größerer Einkaufsmengen ............................................................... ○

20 Die Menge des Bedarfs kann ermittelt werden durch:

    a) Erfahrungen und Schätzungen ............................................................. ○
    b) Lieferantenrückfragen ........................................................................ ○
    c) Auswertung der Absatzstatistik .......................................................... ○
    d) Bedarfsmeldung der Verkaufsabteilung ............................................... ○
    e) Angebotsvergleiche

21 Was enthält eine Bezugsquellenkartei?

    a) Verkaufte Warenmengen ..................................................................... ○
    b) Lieferantennamen und -anschrift ........................................................ ○
    c) Preise, Zahlungs- und Lieferungsbedingungen .................................... ○
    d) Warenbezeichnung und Lieferzeiten ................................................... ○
    e) Lieferantenrechnungen ....................................................................... ○

22 Woraus entnimmt die monatliche Umsatzstatistik die Zahlen?

    a) Eingangsrechnungen ........................................................................... ○
    b) Vertreterberichte ................................................................................ ○
    c) Packzettel der Lieferanten ................................................................... ○
    d) Durchschriften der Kundenbestellungen .............................................. ○
    e) Ausgangsrechnungen .......................................................................... ○

## Qualifikationsaufgaben

23 'Im Einkauf liegt der halbe Gewinn'
Erörtern Sie diese Behauptung und geben Sie Beispiele!

24 Die Bedeutung der Beschaffungsplanung    a) im Industriebetrieb
    b) im Handelsbetrieb

## 29. LAGERUNG

### 29.1 Gedächtnisaufgaben

1 Das Lager    gleicht die ...................................... aus.
    überbrückt .......................................................... .
    sichert ..........................................................
    bereitet die Güter vor durch .................... und ........................ .

2 Der Käufer muß die vertragsgemäß gelieferte Ware ......................................... .

3 Die angenommene Ware wird sofort ........................ und unverzüglich ............................ .

4 Die Einkaufsabteilung erhält die ........................................................ und überprüft die .................... .

5 Die neu gelieferte Ware wird im Lager ................................ und in der ............................ als Zugang verbucht.

6 Waren sollen nur gegen ................................ aus dem Lager gegeben werden.

7 Bei Warenübergabe an die Verkaufsabteilung wird ein ........................................ ausgestellt; die Entnahme von Rohstoffen für Fertigungszwecke erfolgt nur gegen ......................................... . Der Versand von Waren an den Käufer erfolgt gegen ........................................ .

8 Bringen Sie die folgenden Arbeitsschritte in die richtige Reihenfolge, indem Sie die Zahlen von 1–6 einsetzen.

a) Warenpflege ......................
b) Warenprüfung ....................
c) Warenannahme ..................
d) Rechnungsprüfung .............
e) Warenausgabe ...................
f) Warenlagerung ..................

9 Der Vergleich von Soll- und Ist-Beständen wird von der ....................................... durchgeführt.

10 Wie lautet die richtige Formel zur Berechnung des Meldebestandes?

a) $\dfrac{(\text{Mindestbestand} \times \text{Beschaffungstage}) + \text{Tagesverbrauch}}{100}$

b) $\text{Tagesverbrauch} + (\text{Mindestbestand} \times \text{Beschaffungstage})$

c) $(\text{Tagesverbrauch} \times \text{Beschaffungstage}) + \text{Mindestbestand}$

d) $\dfrac{\text{Tagesverbrauch} \times \text{Beschaffungstage}}{\text{Mindestbestand}}$

*Weiter im Informationsbuch*

## 29.2 Gedächtnisaufgaben

11 Wie heißen die vier Lagermeßzahlen, die bei der Überwachung der Lagerwirtschaftlichkeit Anwendung finden?
a) ............................................
b) ............................................
c) ............................................
d) ............................................

12 Ergänzen Sie die beiden Formeln zur Berechnung des durchschnittlichen Lagerbestandes

a) $\dfrac{\text{.............................} + \text{.............................}}{2}$

b) $\dfrac{\text{.............................} + \text{.............................}}{13}$

13 Wie oft ein durchschnittlicher Lagerbestand im Jahr umgeschlagen wird, hängt von der ......................
............................................ ab.

Diese wird nach der Formel berechnet:

a) $\dfrac{\text{Wareneinsatz}}{\text{Meldebestand}}$ ○

b) $\dfrac{\text{durchschnittlicher Lagerbestand}}{\text{Wareneinsatz}}$ ○

c) $\dfrac{\text{Meldebestand}}{\text{Wareneinsatz}}$ ○

d) $\dfrac{\text{Wareneinsatz}}{\text{durchschnittlicher Lagerbestand}}$ ○

14 Je kürzer die Lagerdauer und je geringer die Lagerkosten desto größer ist die ...................................... .

15 Die durchschnittliche Lagerdauer zeigt an, wie lange die Bestände durchschnittlich auf Lager liegen. Sie wird berechnet nach

a) $\dfrac{\text{Umschlagshäufigkeit}}{360}$ ○

b) $\dfrac{360}{\text{Mindestbestand}}$ ○

c) $\dfrac{360}{\text{Wareneinsatz}}$ ○

d) $\dfrac{360}{\text{Umschlagshäufigkeit}}$ ○

16 Die Lagerkosten setzen sich zusammen aus:

Kosten für ................................

Kosten für ................................

Kosten für ................................

**Verständnisaufgaben**

17 Bei der Wahl des Lagerplatzes ist (sind) zu berücksichtigen:

a) Umfang der Warenpflege ........................................................ ○
b) Umfang der Wareneingangsprüfung ...................................... ○
c) Umschlagshäufigkeit der Ware ............................................. ○
d) Bestellzeitpunkt ................................................................... ○
e) Höhe des Meldebestandes .................................................. ○

18 Die Höhe des Lagerbestandes beeinflußt die Leistungsfähigkeit als auch den Geschäftserfolg eines Unternehmens.
Überprüfen Sie die Richtigkeit folgender Aussagen!

a) Je größer der Lagerbestand, desto höher die Umschlagshäufigkeit ................. ○
b) Zu kleine Lagerbestände verringern die Absatzbereitschaft; zu große Lagerbestände bringen keine Nachteile ...................................................... ○
c) Warenabsatz und Lagerbestand stehen in keinem unmittelbaren Zusammenhang .................... ○
d) Ist der Lagerbestand zu groß, so entsteht ‚totes Kapital'; dem Unternehmen werden zu viele flüssige Mittel entzogen ................................................... ○
e) Je größer der Lagerbestand, desto geringer ist die Gefahr von Produktionsstockungen. Je geringer der Lagerbestand, desto häufiger muß bestellt werden ...................... ○

19 In welchem Lager erfolgt die Lagerung der aufgeführten Werkstoffe?
Ordnen Sie zu!

| a) Hilfsstofflager | 1 Tachos für Autos | |
| b) Rohstofflager | 2 Schrauben für das Auto | |
| c) Halbfabrikatelager | 3 Blech für das Auto | |
| d) Betriebsstofflager | 4 Schmieröle | |

20 Die Lagerbestandsaufnahme der Inventur ergab einen Ist-Bestand von 4000 Stück eines Werkstoffes. Gemäß Soll-Bestand der Lagerkartei dürften aber nur 3800 vorhanden sein.
Wie ist dieser Differenzbetrag zu erklären?

a) Die Stoffe waren verdorben und wurden weggeworfen .............................. ○
b) Versehentlich wurde ein Materialentnahmeschein nicht gebucht ................. ○
c) Versehentlich wurde ein Materialentnahmeschein doppelt gebucht ............ ○
d) Ein Materialrückgabeschein wurde vergessen zu buchen .......................... ○
e) Ein Materialrückgabeschein wurde doppelt gebucht .................................. ○

21 Wegen Umbauarbeiten muß der Lagerbestand vorübergehend stark reduziert werden. Wie läßt sich dies ohne wesentliche Kostenerhöhung durchführen?

a) Einschränkung der Produktion
b) Lagerung im Freien, selbst bei Gefahr des Verderbs
c) Lagerung in einem Fremdlager
d) Häufigere Bestellungen von kleineren Mengen
e) Bisherige Bestellmengen beibehalten, aber mit dem Lieferanten Kauf auf Abruf vereinbaren

22 Der Tagesabsatz einer Ware beträgt 1200 Stück. Die Lieferzeit kann durch einen neuen Lieferanten von 24 auf 15 Tage verringert werden. Der Mindestbestand beträgt 12000 Stück.
Um wieviel Stück verringert sich der Meldebestand?

alter Meldebestand: ................................................. Stück
neuer Meldebestand: ............................................. Stück

23 Lagerkartei: Berechnen Sie den Jahresendbestand.

| Artikel Nr. 15/205 Stückpreis 10,– | | Mindestbestand 100 Höchstbestand 800 | |
|---|---|---|---|
| Datum | Zugang | Abgang | Bestand |
| 1.1.19.. | Übertrag | | 600 |
| 16.1. | | 200 | ........ |
| 25.1. | 300 | | ........ |
| 5.2. | | 150 | ........ |
| 26.2 | | 250 | ........ |
| 18.3. | | 100 | ........ |
| 2.4. | 550 | | ........ |
| 15.4. | | 200 | ........ |
| 20.5. | | 150 | ........ |
| 5.6. | | 100 | ........ |
| 10.8. | | 200 | ........ |
| 19.8. | 600 | | ........ |
| 6.11. | | 300 | ........ |
| 10.12. | 350 | 100 | ........ |

24 Tragen Sie den jeweiligen Bestand in die entsprechende Spalte ein.

Berechnen Sie:   12 Monatsendbestände
Wareneinsatz
Durchschnittlicher Lagerbestand (2 Möglichkeiten)
Durchschnittliche Lagerdauer

25 Bringen Sie die einzelnen Arbeitsschritte der Warenentnahme in die richtige Reihenfolge, indem Sie die Zahlen 1–6 einsetzen

| | |
|---|---|
| | Warenentnahmescheine sammeln |
| | Warenausgabe |
| | Weitergabe der Warenentnahmescheine zur wertmäßigen Buchung |
| | Warenentnahmeschein auf Richtigkeit überprüfen |
| | Warenentnahmeschein in der Lagerkartei mengenmäßig buchen und prüfen, ob der Meldestand erreicht ist |
| | Warenentnahmeschein ausfüllen |

26 Tragen Sie die einzelnen Bearbeitungsvorgänge in die entsprechenden Abteilungen ein.

| Bearbeitungsvorgang | Warenannahme a | Lager b | Einkauf c | Buchhaltung d |
|---|---|---|---|---|
| 1 Lagerkartei führen | | | | |
| 2 Bedarfsmeldeschein ausstellen | | | | |
| 3 Bezugsquellen ermitteln | | | | |
| 4 Anfragen und Bestellungen bearbeiten | | | | |
| 5 Waren prüfen und einsortieren | | | | |
| 6 Wareneingangsmeldung schreiben | | | | |
| 7 Wareneingang in Lagerkartei buchen | | | | |
| 8 Rechnung prüfen | | | | |
| 9 Verbuchen der Rechnung | | | | |

**Qualifikationsaufgaben**

27 Der Großhändler A konnte seine Umschlagshäufigkeit von 7 auf 11 erhöhen.
Der Großhändler B konnte den Umsatz um 25 % steigern.
Der Großhändler C konnte lediglich einen Anstieg der Kosten von 12 % ermitteln.

Worauf können die unterschiedlichen Ergebnisse bei A, B und C jeweils zurückgeführt werden?
Beurteilen Sie das Ergebnis betriebswirtschaftlich.

28 Die Erhöhung der Umschlagshäufigkeit verkürzt die durchschnittliche Lagerdauer.

Durch welche Maßnahmen kann dies erreicht werden?
Erörtern Sie die betriebswirtschaftliche Bedeutung dieser Aussage.

29 Behandeln Sie folgende Themen:  Wir richten unser Lager ein
Wir machen Inventur
Wir überprüfen unser Lager

## 30. NACHRICHTEN-, GÜTER- UND PERSONENVERKEHR

### 30.1 Gedächtnisaufgaben

1 In der Bundesrepublik Deutschland darf niemand außer ..................................... Nachrichten gewerbs-
mäßig übermitteln. Dieses konkurrenzlose Recht bezeichnet man als ................................................. .

2 Bei der immateriellen Nachrichtenübermittlung wird die Nachricht zunächst in ................................................
oder ................................................. Impulse umgewandelt. Diese Impulse werden mit Hilfe von
................................................. oder per ................................................. zum Empfänger geschickt.

3 Das Porto für einen Brief innerhalb der Bundesrepublik Deutschland richtet sich nach

a) .................................................  b) .................................................

4 Wodurch unterscheidet sich eine „Drucksache" von einer „Briefdrucksache"?

..............................................................................................................................................................

..............................................................................................................................................................

5 Briefe mit Wertangabe müssen ab einem Wert von 500,– DM .......................................werden.

6 Briefe werden dem Empfänger dann durch einen besonderen Boten zugestellt, wenn sie vom Absender als „..................................." verschickt wurden.

7 Bei welchen beiden Gelegenheiten sollte man bei der DBP einen Antrag auf „Nachsendung" stellen?

a) ........................................................   b) ........................................................

8 Wie heißen die Fachausdrücke für

a) Fernschreiber ?  =   ................................................
b) Fernkopierer?  =   ................................................
c) Bürofernschreiber?  =   ................................................

9 Wer darf den Telebriefdienst der DBP benutzen?

a) nur Behörden ○      b) nur Großbetriebe ○      c) jeder ○

10 Nennen Sie zwei Vorteile des Bürofernschreibers gegenüber dem (normalen) Fernschreiber!

a) ..........................................................................................................................................

b) ..........................................................................................................................................

11 Wie bezeichnet die DBP den Dienst, bei dem codierte Informationen an eine ADV-Anlage übermittelt werden?   ...........................................-Dienst

12 Die Gebühr für Büchersendungen ist – im Vergleich zu Paketen –

a) besonders hoch ○      b) besonders niedrig ○      c) normal ○

13 Wie berechnet die DBP die Gebühr für eine Blindensendung?

..............................................................................................................................................................

14 Den Absender eines Postgutes bezeichnet man als ....................................... .

15 Eine Nachnahmesendung wird dem Empfänger nur dann ausgehändigt, wenn er .......................................

............................................................................................ .

16 Geben Sie das zulässige Höchstgewicht (in Kilo) für die folgenden Sendungen innerhalb der BRD an!

a) Drucksache          ................... kg      e) Paket        ................... kg
b) Blindensendung      ................... kg      f) Päckchen     ................... kg
c) Briedrucksache      ................... kg      g) Postgut      ................... kg
d) Standardbrief       ................... kg      h) Brief        ................... kg

17 Beim Verlust eines normalen Paketes zahlt die DBP einen Betrag von ........................... DM an den

............................................................... .

18 Geben Sie an, welchen Betrag die DBP beim Verlust der folgenden Sendungen als Ersatz leistet!

a) Drucksache          ................... DM      e) Eilbrief          ................... DM
b) Normalbrief         ................... DM      f) Einschreibbrief   ................... DM
c) Briefdrucksache     ................... DM      g) Päckchen          ................... DM
d) Postgut             ................... DM      h) Wurfsendung       ................... DM

19 EVO ist eine Abkürzung; ausgeschrieben heißt es ..............................................................

............................................................... .

20 Bei welcher Versandart muß der Absender die Waren selbst in den Güterwagen einladen?

..................................................................................................................................

21 Die schnellste Versandart für Stückgut bei der DB ist ............................................................... .

22 Massengüter werden bei der DB fast immer als ..................................................................
befördert.

23 Wie bezeichnet man die Gebühr für die Beförderung der Waren vom

a) Absender zum Absendebahnhof? = ........................................................
b) Absendebahnhof zum Empfangsbahnhof? = ........................................................
c) Empfangsbahnhof zum Empfänger? = ........................................................

24 Wer zahlt die Frachtkosten beim Vermerk

a) unfrei? = ..............................................    b) frei? = ..............................................

25 Absender mit einem großen Frachtaufkommen zahlen ihre Frachten an die DB meistens unbar im
.................................................................... -Verfahren.

26 Die Aufsicht über den Güterverkehr mit LKW führt die ............................................................

.................................................................................................................................. .

**Verständnisaufgaben**

27 Wodurch unterscheidet sich eine Wurfsendung von allen anderen Arten des materiellen Nachrichten-
verkehrs? .........................................................................................................................

..................................................................................................................................

28 Ordnen Sie (mit Hilfe eines Postgebührenheftes) die folgenden Sendungsarten nach der Höhe des
Portos (innerhalb der Bundesrepublik Deutschland), indem Sie die Buchstaben in die richtige Reihenfolge bringen!

Beginnen Sie mit dem niedrigsten Porto!

A Postkarte          C Standardmassendrucksache          E Standardbrief
B Normalbrief        D Standardbriefdrucksache           F Standarddrucksache

Lösungs-Reihenfolge: | | | | | | |

29 Suchen Sie (mit Hilfe des Postgebührenheftes) die jeweils preiswerteste Versandmöglichkeit für die
folgenden Sendungen aus!

a) Längere handschriftliche Mitteilung an eine Privatperson ..............................................
b) Gedruckte Geburtstagsanzeige mit 8 handschriftlich hinzugefügten Worten ..........................
c) Werbeschrift an alle Haushalte eines Stadtteils ..........................................................
d) Film (90 Gramm) an eine Entwicklungsanstalt ............................................................
e) Einsendung einer Rätsellösung an den Rundfunk ........................................................
f) Gedruckte Nachricht an 8 000 Kunden ....................................................................
g) Ersatzteil (1,8 kg) mit Rechnung ..........................................................................

30 Was möchte der Absender erreichen, wenn er einen Brief mit dem Zusatz „Eigenhändig" verschickt?

..................................................................................................................................

..................................................................................................................................

31 Welchen Vorteil hat das Telegramm gegenüber dem Telefongespräch?

......................................................................................................

32 Die Kopie einer technischen Zeichnung wird dringend in Tokio benötigt. Das Original liegt im modern ausgestatteten Büro in Würzburg. Die schnellste Übertragungsmöglichkeit ist dann ein(e) ...............

......................................................................................................

33 Bei welchen beiden Sendungsarten erhebt die DBP vom Empfänger eine Zustellgebühr?

a) ............................................ b) ............................................

34 Die Gebühren für Postgüter sind ............................................ als die für vergleichbare Pakete;
Begründung: Der Absender ............................................................................

......................................................................................................

35 Weshalb leistet die DBP beim Verlust eines normalen Päckchens keinen Ersatz?

......................................................................................................

36 Wo bzw. wem übergibt der Absender die folgenden Güter zur Beförderung?

a) Expreßgut = ............................................
b) Wagenladung = ............................................
c) Stückgut = ............................................

37 Bei einer Sammelladung stellt ein ............................................ viele ............................................ mit gleichem Bestimmungsort zusammen.

38 Wodurch unterscheidet sich der Werkverkehr vom (normalen, gewerblichen) Güterverkehr?

a) ............................................ b) ............................................
c) ............................................

39 Auf dem Transport von A nach B werden zerbrechliche Waren beschädigt.
Wer haftet für den Schaden, wenn die Ware:

a) vom Absender unsachgemäß verpackt wurde ............................................
b) durch ein Versehen des Frachtführers vom LKW fiel ............................................

40 Die folgenden drei Fragen beziehen sich auf das „Frachtbriefdoppel".

a) Wer füllt es aus? ............................................
b) Wer stempelt und unterschreibt es? ............................................
c) Wem wird es ausgehändigt? ............................................

## Qualifikationsaufgaben

41 Weshalb zahlt die DBP beim Verlust einer Wertsendung an den Absender?
a) ............................................................................
b) ............................................................................

42 F kauft einen LKW, um damit für andere Güter zu befördern.
a) An wen muß er sich wenden, damit er die Genehmigung dafür bekommt?

......................................................................................................

b) Weshalb ist die Genehmigung für den Güterfernverkehr schwieriger zu bekommen als für den Güternahverkehr?

......................................................................................................

......................................................................................................

43 Absender A übergibt dem Frachtführer F Güter zur Beförderung an den Empfänger E mit der Angabe „unfrei". E weigert sich, die Frachtkosten an F zu zahlen. Welche Möglichkeit hat F? (Begründen Sie!).

.................................................................................................................................................

.................................................................................................................................................

44 Welche volkswirtschaftlichen Nachteile hat der Individualverkehr mit PKW im Berufsverkehr?

a) ...........................................................................................................................................

b) ...........................................................................................................................................

c) ...........................................................................................................................................

d) ...........................................................................................................................................

e) ...........................................................................................................................................

## 31. MARKETING-VERTRIEBSWEGE

### 31.1 Gedächtnisaufgaben

1 Der Sammelbegriff für alle Maßnahmen, die eine Unternehmung trifft, um den Markt für sich günstig zu beeinflussen, ist „..................................................................".

2 Die Marktforschung besteht aus der Markt- ............................... und der Markt- .......................

..................................... .

3 Eine Unternehmung möchte möglichst genaue Unterlagen über den Absatzmarkt bekommen. Sie betreibt aus diesem Grund    Werbung ○    Sales Promotion ○    Marktforschung ○ Kundendienst ○

4 Markt- und Meinungsforschungsinstitute sind z.B.    DGB ○    EMNID ○    EG ○ DIVO ○    NATO ○

5 Die Marktfoschung soll dem Betrieb helfen,    das Absatzrisiko zu verringern ○    Umsatzsteuer zu sparen ○    Entscheidungen zu treffen ○.

6 Die Marktanalyse ist eine    einmalige ○    fortlaufende ○    Tätigkeit.

7 Aufmerksamkeit zu erregen und Kaufwünsche zu wecken ist das Ziel der    Public Relations ○ Werbung ○    Marktbeobachtung ○    Marktforschung ○.

8 Veränderungen im Marktgschehen sollen durch    Marktbeobachtungen ○    Werbung ○ Kundendienst ○    Marktanalyse ○    festgestellt werden.

9 Der (englische) Fachausdruck für Verkaufsförderung heißt „.................................................".

*Weiter im Informationsbuch!*

## 31.2 Gedächtnisaufgaben

10  Zu den werksfremden Absatzhelfern gehören     Makler ○     Handelsvertreter ○ Reisende ○     Kommissionäre ○ .

11  Zum Verkauf ihrer Produkte gründen Steinkohlengruben oft ein(e)     freiwillige Kette ○ Syndikat ○     Einkaufsgenossenschaft ○     Verbrauchermarkt ○.

12  Beim Direktverkauf wendet sich der Verbraucher direkt an den ...................................... .

13  Der PKW-Verkauf erfolgt in der Bundesrepublik Deutschland meistens     im Direktverkauf ○ über Einkaufsgenossenschaften ○     durch Groß- und Einzelhändler ○     durch freiwillige Ketten ○.

14  Den vertraglichen Zusammenschluß von Einzelhändlern mit einem Großhändler bezeichnet man als Verbrauchermarkt ○     freiwillige Kette ○     Versandhandel ○     Einkaufsgenossenschaft ○ .

15  Bei leicht verderblichen Waren überspringt man oft den     Großhandel ○     Hersteller ○ Einzelhändler ○     Verbraucher ○ .

16  Edeka und Rewe sind     freiwillige Ketten ○     Handelsvertreter ○     Einkaufsgenossenschaften ○     Großhändler ○.

17  Relativ geringe Personalkosten entstehen in einem     Kaufhaus ○     Versandgeschäft ○ Einzelhandelsgeschäft ○.

18  Zu den freiwilligen Ketten gehört     ESSO ○     SPAR ○     VIVO ○     WFM ○ .


## Verständnisaufgaben

19  Der Einzelhändler E tauscht einem Kunden eine Ware um, obwohl die Frist dafür längst abgelaufen ist. Man bezeichnet dieses Verhalten des E als

    a) Arroganz ................................. ○     d) Kulanz ........................................ ○
    b) Public Relations ..................... ○     e) Sales Promotion ........................ ○
    c) Verstoß gegen das „Gesetz gegen den
       unlauteren Wettbewerb" ........ ○

20  Ein Chemiewerk veranstaltet einen „Tag der offenen Tür" mit Filmvorführungen und Werksbesichtigungen. Diese Maßnahmen bezeichnet man als

    a) Produktgestaltung ................... ○     d) Marktanalyse ............................. ○
    b) Kulanz ...................................... ○     e) Kundendienst ............................. ○
    c) Public Relations ...................... ○

21  Für welche Produkte ist der Direktverkauf in der Bundesrepublik Deutschland üblich? Für

    a) Benzin ...................................... ○     d) Elektrizität ................................. ○
    b) Bier .......................................... ○     e) Schreibwaren ............................. ○
    c) Trinkwasser ............................. ○

22  Welche Kosten sind bei einem Versandgeschäft (im Vergleich zu einem Verbrauchermarkt) relativ hoch?

    a) Umsatzsteuer ........................... ○     d) Reinigungskosten der Verkaufsräume ... ○
    b) Personalksten ......................... ○     e) Porto ........................................... ○
    c) Kosten für Verpackungsmaterial ........... ○

**Qualifikationsaufgaben**

23 Nehmen Sie Stellung zu den folgenden beiden Meinungen!

Meinung a): „Werbung ist der Motor unserer Wirtschaft. Ohne Werbung ist unser Wohlstand gefährdet!"

Meinung b): „Werbung ist überflüssig. Sie verteuert nur die Produkte!"

24 Für welche Produkte bedient sich der Hersteller besonders gern werksfremder Absatzhelfer? Begründen Sie Ihre Meinung!


## 32 GELD – WÄHRUNG – ZAHLUNGSVERKEHR I

### 32.1 Gedächtnisaufgaben

1 Geld ist ein wirtschaftliches .......................................... -Gut.

2 Geld hat folgende Merkmale (Eigenschaften)

    a) ...............................      b) ...................................      c) ..............................................

3 Welche Aufgabe (Funktion) hat das Geld in folgenden Beispielen?

    a) Ein Sparer zahlt Geld auf sein Sparbuch ein: ............................................................... -Mittel.

    b) Ein Kunde kauft Waren im Supermarkt und zahlt bar an der Kasse: ...................................... -Mittel.

    c) B schenkt seinem Patenkind zum Geburtstag 100,– DM in bar: ...................................... -Mittel.

4 Damit ein Stoff als Geld verwendet werden kann, muß er folgende Eigenschaften besitzen:

    a) ...............................      b) ...................................

5 Wir unterscheiden drei Arten von Geld:

    a) ...........................-Geld      b) ...........................-Geld      c) ...........................-Geld.

6 Bei den ..............................-Münzen ist der aufgeprägte Wert genauso hoch wie der Metallwert.
Bei den .........................-Münzen ist der aufgeprägte Wert .....................................als der Metallwert.

7 Materialloses Geld, das auf Konten anerkannter Geldinstitute gebucht ist, nennt man
.............................. -Geld oder auch ...........................-Geld.

8 Die gesetzliche Ordnung des Geldwesens eines Landes bezeichnet man als ...........................................
...................................................... . In der BRD ist das die „..........................................."; sie wird überwacht von der ...............................................................(Name des Überwachungsorgans).

## 32.2 Gedächtnisaufgaben

9 Bei der Barzahlung benutzt ........................................................................................................ ein Konto.

10 Nennen Sie zwei Vorteile der Barzahlung!

 a) ........................................................................................................................................

 b) ........................................................................................................................................

11 Ab welchem Wert muß der Absender versiegeln:

 a) ein Wertpaket ................................... DM  b) einen Wertbrief ................................... DM

12 Welche Materialien kann der Absender zum Versiegeln benutzen?

 a) ...................................................  b) ...................................................

13 Im Bereich der DBP beträgt die Wertangabe bei Wertsendungen höchstens

 a) ................................... DM bei Luftpostsendungen
 b) ................................... DM bei Nicht-Luftpostsendungen.

14 Das Postanweisungsformular hat die Farbe ................... . Es besteht aus ................... (Anzahl) Teilen. Diese Teile sind bestimmt für den/die

 a) ...................................  b) ...................................  c) ...................................

15 Welche beiden Vorteile hat die Postanweisung?

 a) ........................................................................................................................................

 b) ........................................................................................................................................

16 Im Vergleich mit anderen Zahlungsmöglichkeiten ist bei der Postanweisung

 a) der Betrag relativ ................................... . Er beträgt höchstens ................... DM;

 b) die Gebühr relativ ................... . Sie hängt ab von ................................................... .

## 32.3 Gedächtnisaufgaben

17 Eine halbbare Zahlung liegt immer dann vor, wenn ...................................................................

 ........................................................................................................................................

 ........................................................................................................................................

18 In welcher Form erhält der Empfänger das Geld, wenn der Absender

 a) einen Zahlschein verwendet? ...................................................................................................

 b) eine Zahlungsanweisung verwendet? ..........................................................................................

19 Wie bezeichnet man denjenigen, der einen Scheck ausfüllt

 a) Präsentierer
 b) Überbringer
 c) Chequer
 d) Aussteller
 e) Kreditinstitut
 f) Bezogener

20 Scheckvordrucke bekommt man nur, wenn man selbst

 a) eine abgeschlossene Lehre hat
 b) ein Sparbuch hat
 c) Kaufmann ist
 d) ein großes Guthaben hat
 e) ein Girokonto hat
 f) Prokurist ist.

21 Der Scheck ist grundsätzlich ein Inhaberpapier. Das bedeutet, daß ............................................
..............................................................................................................................................................
..............................................................................................................................................................

22 Statt „Inhaberpapier" verwendet man auch den Begriff" ........................................... -Papier".

23 Welche rechtliche Wirkung hat es, wenn auf einem Barscheck der Zusatz „oder Überbringer" ge-
strichen wird? ..........................................................................................................................................
..............................................................................................................................................................

24 Der Bezogene eines Schecks ist immer ein ........................................................................................

25 Was versteht man bei einem Scheck unter einem

    a) Indossament? ...............................................................................................................................
    b) Indossatar? .................................................................................................................................
    c) Indossant? ...................................................................................................................................

26 Was ist das Typische eines vordatierten Schecks? ........................................................................
..............................................................................................................................................................
..............................................................................................................................................................

27 Welche Folge hat es, wenn der Scheckbetrag in Ziffern von dem in Buchstaben abweicht? ..............
..............................................................................................................................................................

28 Was sollte der Aussteller unternehmen, wenn er einen Scheck verliert?

    a) ....................................................................................................................................................
    b) ....................................................................................................................................................

29 Scheckbetrug liegt dann vor, wenn ..................................................................................................
..............................................................................................................................................................
..............................................................................................................................................................

30 Wenn man einen ec annimmt, sollte man darauf achten, daß die folgenden drei Angaben auf ec und
ec-Karte übereinstimmen:

    a) .............................        b) ...................................        c) ...............................

31 Auf der Rückseite eines ec muß der/die/das ......................................................... eingetragen werden.

32 Beim ec garantiert ............................................................................................................................
(wer?) bis zu einem Betrag von ............. DM pro ec.

33 Wer garantiert bei einem „bestätigten" Scheck für die Zahlung des Scheckbetrages? ........................
..............................................................................................................................................................

34 Beim Postamt seiner Wahl kann der Kontoinhaber Bargeld abheben. Dabei muß er vorlegen:

    a) ...................................................        b) ....................................................

35 Beim Postkassenscheck wird der Scheckbetrag an denjenigen ausgezahlt, der ....................................

36 Schecks, die den Zusatz „oder Überbringer" haben, bezeichnet man als „ ..........................."-Schecks
oder als „ ........................."-Schecks.

37 A hat eine ec-Karte der B-Bank. Kann er damit Bargeld von ec-Geldautomat der C-Bank
abheben? ...............................................................................................................................................

**Verständnisaufgaben**

38   Unter „Münzhoheit" versteht man das Recht, ...................................................................................
     Dieses Recht hat in der BRD der/die/das

    a)   .................................. , und zwar für .......................... (Geldart?)
    b)   .................................. , und zwar für ..........................(Geldart?).

39   Welche der drei Geldarten kommt in der BRD (vom Wert gesehen)

    a) am häufigsten vor? ...........................................
    b) am seltensten vor? ...........................................

40   Zeigen Sie (durch Ankreuzen), ob die folgenden Zahlungsmöglichkeiten zur Barzahlung (B), zur
     halbbaren (H) oder zur bargeldlosen (L) Zahlung gehören!

| Zahlungsmöglichkeit | B | H | L |
|---|---|---|---|
| a  Zahlungsanweisung | o | o | o |
| b  Zahlschein | o | o | o |
| c  Wertbrief | o | o | o |
| d  Zahlungsanweisung zur Verrechnung | o | o | o |
| e  Banküberweisung | o | o | o |
| f  Postbarscheck | o | o | o |
| g  Bankbarscheck | o | o | o |
| h  Postanweisung | o | o | o |
| i  Bankverrechnungsscheck | o | o | o |
| j  Postüberweisung | o | o | o |

41   Einzelhändler E entdeckt bei der abendlichen Abrechnung Falschgeld in seiner Ladenkasse.

    a) Wie verhält E sich korrekterweise? .......................................................................................
    b) Bekommt E (von wem?) Ersatz für das Falschgeld? ...........................................................
    ..........................................................................................................................................................

42   Die DBP ersetzt beim Verlust eines ihr übergebenen

    a) „normalen" Paketes ...............................................................................................................
    b) Wertpaketes ...........................................................................................................................

43   Was ist das Typische einer Nachnahmesendung? ................................................................
     ..........................................................................................................................................................

44   Ein Zahlschein-Vordruck besteht aus drei Exemplaren, nämlich

| Bezeichnung des Vordrucks | Diesen Vordruck erhält der/die/das |
|---|---|
| a) .................................. | .................................. |
| b) .................................. | .................................. |
| c) .................................. | .................................. |

45 Geben Sie in der folgenden Übersicht an:

a) Wer ein Konto benötigt; Z = Zahlender; E = Empfänger des Geldes
b) Die Höchstbeträge, die möglich sind.

| Zahlungsmöglichkeit | Z | E | Höchstbetrag (in DM) |
|---|---|---|---|
| a Postbarscheck | o | o | .......................................... |
| b ZzV | o | o | .......................................... |
| c Postüberweisung | o | o | .......................................... |
| d Zahlungsanweisung | o | o | .......................................... |
| e Zahlschein | o | o | .......................................... |
| f Wertbrief (Luftpost) | o | o | .......................................... |
| g Nachnahmepaket | o | o | .......................................... |
| h Postanweisung | o | o | .......................................... |
| i Bankverrechnungsscheck | o | o | .......................................... |

46 Nennen Sie drei Zahlungsmöglichkeiten, bei denen dem Empfänger das Geld bar ins Haus gebracht wird!

a) ................................ b) ................................ c) ................................

47 A stellt einen Postbarscheck aus und gibt ihn dem E. Dann kann E die Barauszahlung des Scheckbetrages verlangen:

a) von wem? ..............................................................
b) wann? ..............................................................

48 A stellt am 13.03. einen Barscheck aus und übergibt ihn dem E. Als Ausstellungstag gibt A den 20.03. an. Wann frühestens kann E Zahlung verlangen? (Begründung!) ..............................
..................................................................................................................................................

49 Welche Folge(n) hat es, wenn der Aussteller einen Scheck sperren läßt

a) vor Ablauf der Vorlegungsfrist: ..................................................................................
b) nach Ablauf der Vorlegungsfrist: ..................................................................................

50 K kauft am 09.07. Waren von V. Am 12.07. stellt K einen Verrechnungsscheck über den Kaufpreis aus. Am 15.07. erhält V diesen Scheck und reicht ihn am 18.07. seiner Bank zur Gutschrift ein. Der Betrag wird seinem Konto am 20.07. gutgeschrieben.
An welchem Tag hat K seine Schulden tatsächlich beglichen?
Am ................................

51 K kauft Waren für 2.000,– DM. Sein Konto ist hoffnungslos überzogen (ohne vorherige Absprache mit seiner Bank). K stellt fünf ec über je 400,– DM aus und gibt sie dem V. Wieviel DM bekommt V insgesamt, wenn bei der Ausstellung der Schecks die vorgeschriebenen Formalitäten erfüllt werden? ................. DM.

52 Geben Sie an, bei welcher Stelle (Behörde ...) man Bargeld erhält bei der Vorlage eines

a) Postkassenschecks: ..................................................
b) Postbarschecks: ..................................................

53 Wer hat ein großes Interesse daran, daß auf den Schecks der Zusatz „oder Überbringer" steht? Begründen Sie Ihre Ansicht!

..................................................................................................................................................
..................................................................................................................................................
..................................................................................................................................................

54 Nennen Sie je eine Angabe, die ein Blankoscheck:

    a) enthält: ....................................................    b) nicht enthält: ..............................................

55 Weshalb sperrt der ec-Geldautomat eine ec-Karte, wenn man dreimal hintereinander eine falsche Geheimzahl eingibt?

    ......................................................................................................................................................................

    ......................................................................................................................................................................

56 Kontoinhaber K befürchtet, daß jemand seine Geheimzahl für den ec-Geldautomaten in Erfahrung gebracht hat. Wie soll sich K verhalten? ..............................................................................................

    ......................................................................................................................................................................

**Qualifikationsaufgaben**

57 Angenommen, A möchte die DBP betrügen. Er steckt deshalb wertlose Papierschnipsel in einen Brief, versiegelt ihn und verschickt ihn als Wertbrief. Als Wert gibt er 80.000,– DM an. Weshalb hat diese Betrugsabsicht wenig Aussicht auf Erfolg?

    a) ..............................................................................................................................................

    ......................................................................................................................................................................

    b) ..............................................................................................................................................

    ......................................................................................................................................................................

58 Kunde K kauft Waren für 380,– DM im Supermarkt. An der Kasse will er mit einem ec zahlen.

    a) Muß der Einzelhändler E den ec nehmen? ...............................................................................

    b) Wie könnte E diesen ec sinnvoll verwenden?

        o ..............................................................................................................................

        o ..............................................................................................................................

59 A hat ein Girokonto beim Postgiroamt Frankfurt (Main). Er stellt am 09.07. in Spanien einen Postscheck aus und gibt ihn am 12.07. dem Hotelier H zur Bezahlung der Hotelrechnung.

    a) An welchem Tag spätestens sollte der Scheck vorgelegt werden? .............................................

    b) Wem sollte der Scheck vorgelegt werden? ..............................................................................

    c) Angenommen, der Scheck geht bei H unbemerkt verloren. A läßt den Scheck am 26.09. sperren. Am 04.11. findet H den Scheck wieder und legt ihn vor. Wie ist die Rechtslage, wenn es kein ec war? .......................................................................................................................

    ......................................................................................................................................................................

    ......................................................................................................................................................................

60 K kauft Waren bei V und zahlt mit einem Barscheck. Dieser Scheck verbrennt nachweislich durch ein Verschulden des V. Wie ist die Rechtslage? ...............................................................................

    ......................................................................................................................................................................

61 K hat auf seinem Konto ein Guthaben von 10.000,– DM. Er kauft Waren für 8.000,– DM bei V. Er stellt einen einzigen ec (als Barscheck) über 8.000,– DM aus und gibt ihn dem V.

    a) Ist der Barscheck gültig? .......................................................................................................

    b) Wieviel DM bekommt V? ........................................................................................................

    c) Wie wäre es, wenn das Konto des K völlig überzogen wäre? ...................................................

62 Während seines Urlaubs in Österreich benötigt der deutsche Urlauber U genau 2.200,– öS in bar. Er stellt deshalb einen ec als Barscheck aus und gibt ihn einer österreichischen Bank. Die Wiener Devisenbörse notiert die DM mit 704,23.

    a) In welcher Währung stellt U den ec sinnvollerweise aus?
       In.................................

    b) Wieviel Geld wird ihm in Österreich ausgezahlt? .................................................................

    c) Mit welchem Betrag (einschließlich Auszahlungsgebühr) wird das Konto des U in der BRD belastet,
       wenn öS in der BRD so gehandelt werden wie DM in Österreich?

       ...........................  DM  Gegenwert für die eingetauschte Summe

       <u>...........................</u>  DM  Auszahlungsgebühr

       <u>                    </u>  DM  Gesamtbelastung.

63 Dem Kontoinhaber K werden zehn ec-Vordrucke sowie seine ec-Karte gestohlen.

    a) Was sollte K sinnvollerweise tun? .................................................................

    b) Angenommen, der Dieb fälscht die Unterschrift des K sehr gekonnt und gibt alle zehn ec über je 400,– DM in Zahlung. Welche Folge(n) hat das für:
       o K? ...........................................................................................
       .................................................................................................

       o diejenigen, die einen dieser ec angenommen haben?
       .................................................................................................

## 33 ZAHLUNGSVERKEHR II (BARGELDLOSE ZAHLUNG)

### 33.1 Gedächtnisaufgaben

1 Bei der bargeldlosen Zahlung benötigt sowohl der ........................................ als auch der ....................
    ............................ ein Konto.

2 Einen Verrechnungsscheck erkennt man daran, daß er ...................................................................
    .................................... .

3 Der Höchstbetrag beträgt bei einem

    a) Barscheck = .......................................
    b) Verrechnungsscheck = .......................................

4 Der Zahlende benutzt eine ZzV sinnvollerweise immer dann, wenn er .........................................
    .................................... .

5 Höchstbetrag bei der ZzV:...............................

6 S will seine Schulden bei G mit Hilfe einer ZzV bezahlen. Welche beiden Tätigkeiten (Arbeiten) fallen dann bei S an?

    a) .......................................................................................................
    b) .......................................................................................................

7 Wie kann G eine ZzV, die er von S bekommen hat, sinnvoll verwenden?

    a) .......................................................................................................
    b) .......................................................................................................
    c) .......................................................................................................

8   In welcher Branche werden ZzV besonders häufig benutzt?

.............................................................................................

9   Bei einer Überweisung verwendet man einen Durchschreibevordruck. Er besteht aus:

a) .........................................................................................

b) .........................................................................................

c) .........................................................................................

10  Wie hoch ist der Höchstbetrag beim

a) Dauerauftrag = ........................................    b) Lastschriftverfahren = ........................................

11  Zum Gironetz der Genossen-
    schaftsbanken gehören alle

a) Sparkassen
b) Raiffeisenbanken
c) Großbanken
d) Postgiroämter
e) Volksbanken
f) Landeszentralbanken

12  Mittelpunkt aller Gironetze
    ist/sind die

a) Postgiroämter
b) Landeszentralbanken
c) Sparkassen
d) Volksbanken
e) Großbanken
f) Raiffeisenbanken

13  In der BRD sind Geldinstitute gleicher Art zu .................................................... zusammengeschlossen.
    Sie erledigen sowohl den .......................................... als auch den ...........................................................
    Zahlungsverkehr im In- und Auland.


### Verständnisaufgaben

14  Wie kann man aus einem

a) Barscheck einen Verrechnungsscheck machen?
    .........................................................................................................................................

b) Verrechnungsscheck einen Barscheck machen?
    .........................................................................................................................................

15  Einzelhändler E bekommt von seinem Kunden K einen ec als Barscheck. E setzt sofort einen
    Stempel „Nur zur Verrechnung" auf den ec. Weshalb macht E das?
    .........................................................................................................................................
    .........................................................................................................................................

16  G hat gar kein Konto. Wie kann er dann ein ZzV, die er von S erhalten, sinnvoll verwenden?

a) .........................................................................................................................................
b) .........................................................................................................................................

17  Weshalb werden Zzv in der Versicherungsbranche besonders häufig verwendet?
    .........................................................................................................................................
    .........................................................................................................................................

18  Weshalb schicken Versicherungsgesellschaften ihren Kunden bei der Prämienrückerstattung lieber
    eine ZzV als einen Verrechnungsscheck? ...........................................................................................
    .........................................................................................................................................

19  Welchen Vorteil hat ein netzneutraler Überweisungsvordruck? .............................................................
    .........................................................................................................................................

20 Welche Angaben müssen über einen längeren Zeitraum gleichbleiben, damit der Zahlende einen Dauerauftrag erteilen kann?

a) ................................. b) ............................... c) ..................................

21 S wird im Lastschriftverfahren mit einem viel zu hohen Betrag belastet. Was kann er nachträglich dagegen tun? ...........................................................................................................................

..................................................................................................................................................

22 Mieter M zahlt seine Miete per Dauerauftrag. Welche beiden Vorteile hat diese Zahlungsweise für M?
a) ...........................................................................................................................................
b) ...........................................................................................................................................

## 34 ZAHLUNGSVERKEHR III (WECHSEL)

### 34.1 Gedächtnisaufgaben

1 Zu welcher Leistung verpflichtet sich der Schuldner in einem Wechsel?
..................................................................................................................................................

2 Das Fachwort für „Schuldner beim Wechsel" heißt .................................................................

3 Der Wechsel dient sowohl als ........................................-Mittel als auch als ...................- Mittel.

4 Der Wechsel ist ein ...............................-Papier.

5 Als „Diskont" bezeichnet man die .................................................

6 Was versteht man unter

a) Wechsel diskontieren lassen? ...........................................................................
..................................................................................................................................................

b) Wechsel rediskontieren lassen? ...........................................................................
..................................................................................................................................................

7 Man bezeichnet denjenigen, der einen Wechsel ausfüllt, als den .........................................
..........................(Fachwort).

8 Wieviel gesetzliche Bestandteile hat ein Wechsel? ..............................................................

9 Verfalltag ist der Tag, an dem der Bezogene ........................................................................
..................................................................................................................................................

10 Bringen Sie ein Beispiel für einen „Tagwechsel"!
..................................................................................................................................................

11 Welchen Nachteil hat ein Sichtwechsel für den Bezogenen?
..................................................................................................................................................

12  Ergänzen Sie die folgende Übersicht!

|   | Fachwort | Deutscher Ausdruck/Erklärung |
|---|----------|------------------------------|
| a | Trassat  |                              |
| b |          | Aussteller                   |
| c |          | Wechselnehmer                |
| d |          | Wechsel, der nicht weitergegeben werden soll |
| e |          | Genaue Angabe des Kreditinstitus des Bezogenen |
| f | Tratte   |                              |
| g |          | Weitergabevermerk auf der Rückseite eines Wechsels |
| h |          | Jemand, der einen Wechsel weitergibt |
| i |          | Unterschrift des Bezogenen   |

13  Ein Wechsel hat sowohl kaufmännische als auch .......................................... Bestandteile.

14  Für eine Tratte haftet der ..........................................

15  Die Annahmeerklärung auf einem Wechsel wird

   a) (wo?) .......................................... geschrieben.
   b) (wie?) .......................................... geschrieben.

16  Die Wechselsteuer beträgt ........... DM pro .......................................... .

17  Wechselsteuermarken

   a) kann man (wo?) erwerben bei(m) ..........................................
   b) entwertet man, indem man ..........................................

18  Wo wird das Indossament angebracht?

19  Durch das Inodssament geht das Eigentum am Wechsel vom .......................................... auf den
   .......................................... über.

20  Nennen Sie vier Bedingungen, die ein rediskontfähiger Wechsel erfüllen muß!

   a) ..........................................
   b) ..........................................
   c) ..........................................
   d) ..........................................

21  Was versteht man unter einem „Handelswechsel"? ..........................................
   ..........................................

22  Was versteht man unter „präsentieren" eines Wechsels?
   ..........................................
   ..........................................

23  Wer erhebt eine Domizilprovision?
   ..........................................

24  Wenn der Verfalltag ein Sonntag ist, dann ..........................................
   ..........................................

25  Von einem Protest „Mangels Zahlung" spricht man dann, wenn ..........................................
   ..........................................
   ..........................................

26 Wer hat das Recht, eine Wechselprotesturkunde auszustellen?

    a) .........................................................................

    b) .........................................................................

    c) .........................................................................

27 Nach der Protesterhebung muß der letzte Wechselinhaber sowohl ............................. als auch ................................. innerhalb von ............................. benachrichtigen.

28 Das deutsche Wort für „Prolongation" heißt ................................................................

29 Die Durchführung eines Wechselprozesses erfolgt (zeitlich gesehen) sehr viel ............................. ............................. als die eines normalen Prozesses.

30 Beim Wechselprozeß

    a) beträgt die Einlaßfrist höchstens .................................................................

    b) ist das rechtskräftige Urteil sofort .................................................................

    c) sind die Einwendungen des Beklagten sehr .............................................

**Verständnisaufgaben**

31 Wieso bezeichnet man den Wechsel als eine „abstrakte" Zahlungsverpflichtung? ............................. .................................................................

32 Was könnte den Großhändler G veranlassen, Waren mit einem Wechsel (statt mit einem Scheck) zu bezahlen? ................................................................. .................................................................

33 Welchen Sinn haben die kaufmännischen Bestandteile eines Wechsels? ............................. .................................................................

34 Was versteht man unter einem „Bankplatz"? ................................................................. .................................................................

35 Die Besonderheit eines „trassiert-eigenen" Wechsels besteht darin, daß ............................. .................................................................

36 Weshalb muß die genaue Anschrift des Ausstellers auf dem Wechsel stehen? ............................. .................................................................

37 Vom wem wird der letzte Wechselinhaber Zahlung verlangen, wenn der Wechsel einen Domizilvermerk trägt?

    .................................................................

    .................................................................

38 G kauft von F Waren auf Ziel und verkauft sie an E weiter. G zieht einen Wechsel auf E und gibt ihn an F weiter. Dann bezeichnet man den

    a) G sowohl als ............................. als auch als .............................

    b) F sowohl als ............................. als auch als .............................

    c) E sowohl als ............................. als auch als .............................

39 Bringen Sie die folgenden Vorgänge in die zeitlich richtige Reihenfolge, indem Sie die Buchstaben entsprechend ordnen!

K = Käufer; V = Verkäufer

a   K unterschreibt den Wechsel
b   V schickt die Tratte an K
c   V liefert Waren an K
d   V gibt den Wechsel an seinen Lieferanten weiter
e   K schickt das Akzept an V
f   V füllt den Wechsel aus.

Die zeitlich richtige Reihenfolge: └___│___│___│___│___│___┘

40 Wie hoch ist die Wechselsteuer in folgenden Fällen?

| | Wechselsumme | Wechselsteuer |
|---|---|---|
| a | 86,50 DM | ...................... DM |
| b | 201,00 DM | ...................... DM |
| c | 7.990,00 DM | ...................... DM |
| d | 50.000,00 DM | ...................... DM |

41 Bei einer Wechselsteuer von 12,45 DM beträgt die Wechselsumme höchstens ............................ DM.

42 Was versteht man unter der „Haftungswirkung" des Indossaments? .................................................
...............................................................................................................................................

43 Wer muß den Diskont letzten Endes tatsächlich bezahlen? ..........................................................

44 Bringen Sie je ein Beispiel für einen

a) Handelswechsel .................................................................................................................
.............................................................................................................................................

b) Finanz(ierungs)wechsel .....................................................................................................
.............................................................................................................................................

45 Weshalb haben viele Wechsel eine Laufzeit von 90 Tagen?
.............................................................................................................................................
.............................................................................................................................................

46 Was will man zum Ausdruck bringen, wenn man sagt, daß der B sehr oft „quer schreibt"?
.............................................................................................................................................
.............................................................................................................................................

47 Der Regreß (beim Wechsel) ist das Recht, ..............................................................................
.............................................................................................................................................
.............................................................................................................................................

48 Was ist das Typische bei einem

a) Reihenregreß? ...................................................................................................................
.............................................................................................................................................

b) Sprungregreß? ...................................................................................................................
.............................................................................................................................................

49 Von „Wechselreiterei" spricht man dann, wenn ........................................................................
.............................................................................................................................................
.............................................................................................................................................

50 Wenn ein Wechsel gestohlen wurde, sollte man beim ................................................................ (Name
der Behörde) ein ................................. -Verfahren bestellen. Der Wechsel wird dann für .......................
..................... erklärt. Diese Tatsache wird anschließend ............................. (wie?) bekanntgemacht.

**Qualifikationsaufgaben**

51  Weshalb hat der Gesetzgeber festgelegt, daß Wechselschulden Holschulden sind?

.......................................................................................................................................

.......................................................................................................................................

52  In welchem Fall wird der Inhaber eines Wechsels den Wechsel

a) bis zum Verfalltag behalten?

.............................................................................................................................

b) an einen Lieferanten weitergeben?

.............................................................................................................................

c) bei seiner Bank diskontieren lassen?

.............................................................................................................................

53  Angenommen, die Bundesbank senkt den Diskontsatz. Welche Auswirkung hat das für

a) den Bezogenen? .................................................................................................

b) die gesamte Wirtschaft in der BRD? .................................................................

54  Die Banken geben Wechsel, die sie zum Diskont genommen haben, grundsätzlich sofort an die Bundesbank weiter. Welche beiden Gründe veranlassen die Banken dazu?

a)  ......................................................................................................................

.............................................................................................................................

b)  ......................................................................................................................

.............................................................................................................................

55  Als Verfalltag ist in einem Wechsel der 09.07.19.. angegeben. Der 09.07.19.. ist ein Freitag, der 13.07.19.. ist ein gesetzlicher Feiertag. An welchen Tagen kann der letzte Wechselinhaber

a) Zahlung verlangen? .............................................................................................
b) Protest erheben lassen? .......................................................................................

56  Weshalb müssen nach der Protesterhebung sowohl der Aussteller als auch der unmittelbare Vormann informiert werden?

.......................................................................................................................................

.......................................................................................................................................

57  Weshalb hat der Gesetzgeber die Wechselprolongation erlaubt, die Wechselreiterei aber verboten?

.......................................................................................................................................

.......................................................................................................................................


## 35  GELD ALS ANLAGEMITTEL

### 35.1 Gedächtnisaufgaben

1  Ergänzen Sie die folgende Übersicht über Gesichtspunkte bei der Geldanlage!

| | Vorteile | Nachteile |
|---|---|---|
| a) | Hoher Ertrag | |
| b) | Hohe Liquidität | |
| c) | Hohe Sicherheit | |

2  Beim Sparbuch erfolgt die Auszahlung von Geld an .........................

.................................................................

3. Beim Sparbuch beträgt die Kündigungsfrist .........................

.................................................(Dauer).

4 Von einem Sparkonto mit gesetzlicher Kündigungsfrist darf man innerhalb von .......................-Tagen bis zu ....................... DM abheben, ohne daß man vorher ................................................. muß.

5 Beim Sparbuch ist/sind die

   a) Liquidität sehr .......................................
   b) Sicherheit sehr .......................................
   c) Zinsen relativ .......................................
   d) Kontoführungsgebühr .......................................

6 Je länger die Kündigungsfrist, desto ....................................... die Zinsen.

7 Bei vorzeitiger Kündigung berechnet die Bank dem Sparer .......................................-Zinsen.

8 Wertpapiere

   a) sind Urkunden, die .......................................-Werte verbriefen
   b) bezeichnet man auch als ....................................... (Fachwort)

9 Geben Sie das jeweilige Fachwort an für

   a) Wertpapierkonto: .......................................
   b) wirtschaftliche Entwicklung: .......................................
   c) Ertrag einer Aktie: .......................................

10 Zu den Wertpapieren, die als Geldanlage in Frage kommen, gehören insbesondere

   a) .......................................      b) .......................................
   c) .......................................      d) .......................................

11 Bei der Aktie hängen Sicherheit und Ertrag sehr stark von der/dem ....................................... ab.

12 Zu den Rentenwerten gehören

   a) .......................................      b) .......................................
   c) .......................................      d) .......................................

13 Als Bausparer erhält man eine Bausparprämie, wenn man

   a) einen Antrag bei/beim ....................................... stellt.
   b) als Lediger ein jährliches .......................................-pflichtiges Einkommen von ............ DM hat.

14 Der Staat unterstützt solche ......................................., die einen Teil ihres ....................................... langfristig sparen (anlegen).

15 Von wem werden die Sparleistungen beim vermögenswirksamen Sparen aufgebracht?

   a) .......................................      b) .......................................

16 ASPZ ist eine Abkürzung. Ausgeschrieben heißt das: .......................................
.......................................

17 Weshalb haben viele Arbeitnehmer keinen Anspruch auf staatliche Sparförderung? .......................................
.......................................

**Verständnisaufgaben**

18 Welche Kosten entstehen beim Kauf/Verkauf von

a) Aktien?
   aa) ............................................................ ab) ............................................................

b) Investment-Anteilscheinen?
   ............................................................................................

c) Sparbriefen?
   ............................................................................................

19 Bei welchen Wertpapieren sind die jährlichen Erträge

a) gleichbleibend? ............................................................
b) jährlich steigend? ............................................................
c) schwankend? ............................................................

20 Bausparer B schließt einen Bausparvertrag über 100.000,– DM ab. Wenn er mindestens ............. DM angespart hat, hat er einen Anspruch auf ein ......................................... in Höhe von.................... DM.

21 Für seine Bausparbeiträge hat der Bausparer – nach seiner Wahl – Anspruch auf

a) ............................................................................................
b) ............................................................................................

22 Ergänzen Sie die folgende Übersicht über die staatliche Sparförderung!

| | Anlagemöglichkeit | Staatliche Prämie Ja? Nein? |
|---|---|---|
| a | | |
| b | | |
| c | | |
| d | | |

23 Die Höhe der ASPZ hängt ab von

a) ............................................................ b) ............................................................

24 Ein Arbeitnehmer kann dadurch Steuern sparen, daß er seine vermögenswirksamen Sparleistungen
............................................................................................
............................................................................................

## 36. FINANZIERUNGSARTEN

### 36.1 Gedächtnisaufgaben

1 Aus der Sicht der Kapitalherkunft unterscheidet man ......................... und ...........................
......................... -Finanzierung.

2 Bei der Innenfinanzierung stammt das Kapital ............................................................... .

3 Nach der Rechtsstellung der Kapitalmittel unterscheidet man ......................... - und ...................
......................... finanzierung.

4 Bei der Eigenfinanzierung bringen die ......................................... Finanzmittel in die Unternehmung ein.

5 Eigenfinanzierung kann auch dadurch erfolgen, daß die Eigentümer auf .........................................
verzichten.

6  Die Rechtsstellung der Eigentümer wird durch sogenannte ..................................... verbrieft.

7  Aktien, Kuxe und Anteilscheine sind Beispiele für ...................................-papiere.

8  Bei der Fremdfinanzierung besteht zwischen Kapitalgebern und der Unternehmung ein ...................
....................................../ .............................-Verhältnis.

9  Die Kapitalmittel stehen dem Unternehmen bei der Fremdfinanzierung als .............................
zur Verfügung.

10 Bei der Fremdfinanzierung ist die Rechtsstellung der Kapitalgeber und der Unternehmung durch sogenannte ....................................... verbrieft.

11 Schuldscheine, Obligationen und Anleihen sind Beispiele für ........................... papiere.

12 Ergänzen Sie das Schema!

| | |
|---|---|
| Kapital fließt von außen zu | |

........................................-finanzierung          ........................................-finanzierung

13 Ergänzen Sie das Schema!

Innenfinanzierung

Kapital komt .................................................

........................................-finanzierung          .................................................

14 Nicht ausgeschüttete Gewinne gehören zur:

Kreditfinanzierung ................................... ○          Selbstfinanzierung ................................... ○
Beteiligungsfinanzierung ............................ ○          Kapitalfreisetzung ..................................... ○

15 Bei der Kreditfinanzierung besteht zwischen Kreditgeber und Unternehmung keine Beteiligung, sondern ein.................................-verhältnis.

16 Sonderformen der Finanzierung sind ........................... und ........................... .

17 Das Mieten von Anlagen nennt man ........................... .

18 Den Verkauf später fälliger Forderungen nennt man ........................... .

*Weiter im Informationsbuch*

## 36.2 Gedächtnisaufgaben

19 Die beiden Voraussetzungen für die Kreditgewährung sind........................... und ...........................
........................... .

20 Die Fähigkeit, rechtsgültige Kreditgeschäfte abzuschließen, nennt man........................... .

21 Ergänzen Sie das Schema!

| | |
|---|---|
| personelle | |

22 Ergänzen Sie das Schema!

```
                    ┌─────────────────────────┐
                    │     Kreditfähig  sind   │
                    └─────────────────────────┘
              ┌──────────────────┴──────────────────┐
  ┌────────────────────────┐          ┌────────────────────────┐
  │ ................ Personen│         │ ................ Personen│
  └────────────────────────┘          └────────────────────────┘
```

23 ........................ sind nur kreditfähig, wenn ihre Mitglieder gemeinschaftlich handeln und sich als Gesamtschuldner verpflichten.

24 Ergänzen Sie das Schema!

```
                    ┌─────────────────────────┐
                    │ juristische Personen des │
                    └─────────────────────────┘
              ┌──────────────────┴──────────────────┐
  ┌────────────────────────┐          ┌────────────────────────┐
  │ ................ Rechts │          │ ................ Rechts │
  └────────────────────────┘          └────────────────────────┘
```

25 Kapitalgesellschaften und eingetragene Vereine sind ........................ Personen des ........................
........................ Rechts.

*Weiter im Informationsbuch*

### 36.3 Gedächtnisaufgaben

26 Die Kreditwürdigkeitsprüfung erstreckt sich auf die ........................ und ........................
Kreditwürdigkeit.

27 Öffentliche Register sind:

Handelsregister ..................... ○   Bilanz ..................... ○   Grundbuch ..................... ○
Vereinsregister ..................... ○   Inventar ..................... ○   Genossenschaftsregister . ○

28 Zur Prüfung der Kreditwürdigkeit können herangezogen werden:

a) ..................... b) ..................... c) ..................... d) .....................

29 Geordnete wirtschaftliche und finanzielle Verhältnisse gehören zur:

personellen Kreditwürdigkeit ..................... ○   Kreditfähigkeit ..................... ○
materiellen Kreditwürdigkeit ..................... ○

30 Beschränkt geschäftsfähige Personen sind nur mit ..................... des ..................... -
..................... kreditfähig.

### Verständnisaufgaben

31 Welche Möglichkeiten der Finanzierung hat eine Unternehmung?

32 Erklären Sie den Unterschied zwischen Eigen- und Selbstfinanzierung!

33 Welche Folgen für eine Unternehmung hat

a) eine Unterfinanzierung          b) eine Überfinanzierung?

34 Welche Aussagen zum Begriff Finanzierung sind zutreffend?

    a) Finanzierung ist die Anlage von Geldkapital in Sachkapital ............................................. ○
    b) Finanzierung betrifft die Aktivseite der Bilanz ............................................................. ○
    c) Finanzierung betrifft nur das Fremdkapital ................................................................... ○
    d) Finanzierung betrifft in erster Linie die Passivseite der Bilanz ...................................... ○
    e) Finanzierung betrifft Eigen- und Fremdkapital ............................................................. ○

35 Welche Beispiele treffen auf die Fremdfinanzierung zu?

    a) Ein Gesellschafter einer OHG macht eine Privateinlage ................................................ ○
    b) Ein Industriebetrieb gibt Industrieobligationen aus ...................................................... ○
    c) Eine Bank gewährt einer Unternehmung einen Akzeptkredit ......................................... ○
    d) Die Maschinenbau AG gibt neue Aktien aus ................................................................ ○
    e) Die Maschinenbau AG kauft Rohstoffe auf Ziel ........................................................... ○

36 Welche Merkmale betreffen Leasing?

    a) Eine Anlage wird gemietet ......................................................................................... ○
    b) Der Leasingnehmer wird Eigentümer einer Anlage, er muß den Kaufpreis in Raten abzahlen .... ○
    c) Es wird ein Kaufvertrag abgeschlossen ....................................................................... ○
    d) Der Leasingnehmer benötigt relativ wenig Kapital zur Beschaffung einer Anlage ......... ○
    e) Es wird ein Miet- oder Pachtvertrag abgeschlossen ..................................................... ○

37 Welche Aussagen im Zusammenhang mit der Kreditwürdigkeit sind richtig?

    a) Sicherheiten, die gestellt werden können, erhöhen die Kreditwürdigkeit ....................... ○
    b) Der Verwendungszweck des Kredits spielt keine Rolle bei der Prüfung der Kreditwürdigkeit ...... ○
    c) Es werden Bilanz und GuV-Rechnung einer Unternehmung zur Beurteilung herangezogen ....... ○
    d) Die Rechtsform einer Unternehmung beeinflußt ihre Kreditwürdigkeit ........................... ○
    e) Für die Kreditwürdigkeit einer OHG spielt die Höhe des Privatvermögens der Gesellschafter
       keine Rolle ................................................................................................................. ○

38 Welche der nachfolgenden Personen ist nicht kreditfähig?

    a) Der 16jährige Anton Asterix mit ausdrücklicher Zustimmung beider Elternteile ............. ○
    b) Eine handelsrechtliche Personenvereinigung (OHG, KG) ............................................. ○
    c) Der Geschäftsführer der Motorenwerke GmbH ........................................................... ○
    d) Der Kassierer des nicht eingetragenen Kegelvereins „Alle Neune" ohne Zustimmung der Kegel-
       brüder ........................................................................................................................ ○
    e) Der Kommanditist Donald Duck zur Finanzierung seines privaten PKW ......................... ○
    f) Der unter vorläufiger Vormundschaft stehende Theo Trinkaus mit gerichtlicher Genehmigung.

39 Welche Merkmale betreffen die Eigenfinanzierung?

    a) Eigenfinanzierung ist immer Außenfinanzierung ........................................................... ○
    b) Bei der Eigenfinanzierung wird das Eigenkapital durch die Eigentümer der Unternehmung bereit-
       gestellt ...................................................................................................................... ○
    c) Von der Eigenfinanzierung spricht man nur bei Einzelunternehmungen und Personengesell-
       schaften. .................................................................................................................... ○
    d) Bei der Eigenfinanzierung kommt das neue Eigenkapital nur aus nicht ausgeschütteten
       Gewinnen ................................................................................................................... ○
    e) Eigenfinanzierung kann Innen- und Außenfinanzierung sein ......................................... ○

40 Ordnen Sie die einzelnen Finanzierungsarten den Beispielen zu!

Ⓐ Kreditfinanzierung Ⓑ Beteiligungsfinanzierung Ⓒ Selbstfinanzierung

Ⓓ Kapitalfreisetzung Ⓔ Leasing Ⓕ Factoring

1 Ein neuer Gesellschafter wird aufgenommen .....................................................

2 Verkauf von Forderungen an eine Spezialbank ................................................

3 außerordentlicher Ertrag aus zu hohen Abschreibungen ................................

4 Ausgabe von Industrieobligationen ....................................................................

5 nicht ausgeschütteter Gewinn verbleibt in der Unternehmung ........................

6 Mieten von Anlagen ..............................................................................................

**Qualifikationsaufgaben**

41 Eine Unternehmung steht vor der Wahl, eine Anlage durch Fremdkapital oder durch Leasing zu finanzieren. Beurteilen Sie den Sachverhalt!

42 Die Maschinenbau AG steht vor der Entscheidung, eine große Sachinvestition entweder durch Fremdkapital oder durch Erhöhung des Grundkapitals durch Ausgabe von Aktien zu finanzieren. Nehmen Sie Stellung zu diesem Sachverhalt!

43 Besteht zwischen Rentabilität und Liquidität ein Spannungsverhältnis?

Begründen Sie Ihre Aussage!

44 Das Anlagevermögen (nur Sachanlagen) der Maschinenbau AG beträgt 30,0 Mio. DM. Das Betriebsergebniskonto weist folgende Zahlen auf:

| K | Betriebsergebnis (Mio. DM) | | E |
|---|---|---|---|
| Personalkosten | 105,0 | Verkaufserlöse | 250,0 |
| Aufwendungen für Roh-, Hilfs- und Betriebsstoffe | 80,0 | | |
| Sonstige Aufwendg. ohne AfA | 30,0 | | |

Die Abschreibungen auf die Sachanlagen betragen 20 % des Buchwertes.

Die Maschinenbau AG beabsichtigt, den Kauf einer neuen Anlage durch Abschreibungen zu finanzieren. Der Kaufpreis in Höhe von 2,4 Mio. DM soll aus den durch die AfA freigesetzten Finanzierungsmitteln dieses Jahres sofort bezahlt werden.
Nehmen Sie Stellung zu diesem Sachverhalt!

## 37 KREDITARTEN UND KREDITSICHERUNG

### 37.1 Gedächtnisaufgaben

1 Einteilungskriterien für Kredite sind:

a) ...................... b) ...................... c) ...................... d) ......................

2 Kurzfristige Kredite haben eine Laufzeit bis ...................................... .

3 Langfristige Kredite haben eine Laufzeit ...................................... .

4  Kredite mit einer Verfügungsmöglichkeit nach Bedarf bis zu einer bestimmten Grenze nennt man

................................................ .

5  Ergänzen Sie das Schema!

```
                    ┌─────────────────┐
                    │  Produktivkredit │
                    └─────────────────┘
        ┌──────────────────┼──────────────────┐
┌──────────────────┐ ┌──────────────────┐ ┌──────────────────┐
│...............-kredit│ │...............-kredit│ │...............-kredit│
└──────────────────┘ └──────────────────┘ └──────────────────┘
```

6  Saisonkredite dienen der Überbrückung von ................................... vor oder während der Saison.

7  Kredite nach der Verfügbarkeit sind:

Produktivkredite ........................ ◯     Darlehen ........................... ◯     Konsumtivkredite ............ ◯

Investitionskredite ..................... ◯     langfristige Kredite ........... ◯

*Weiter im Informationsbuch*

## 37.2 Gedächtnisaufgaben

8  Ergänzen Sie das Schema!

```
                    ┌─────────────────┐
                    │  Kreditsicherung │
                    └─────────────────┘
        ┌────────────────────────┴────────────────────────┐
┌──────────────────────────────┐     ┌──────────────────────────────┐
│ durch ...................... │     │ durch ...................... │
│ (.......................... )│     │ (.......................... )│
└──────────────────────────────┘     └──────────────────────────────┘
```

9  Zur Geldleihe gehören:

Sicherungsübereignung ........... ◯     Bürgschaft ........................ ◯     Zession ........................ ◯

Akzeptkredit ................................ ◯     Diskontkredit ..................... ◯

10  Verpfändet werden können:

nur unbewegliche Sachen ............................ ◯          nur bewegliche Sachen ................................... ◯

bewegliche und unbewegliche Sachen ......... ◯

*Weiter im Informationsbuch*

## 37.3 Gedächtnisaufgaben

11  Bei einer Sicherungsübereignung ist der Kredit abgesichert durch ................................. .

12  Beim ................................. kauft die Bank dem Kreditnehmer .................................wechsel ab.

13  Ergänzen Sie!

Wechselbetrag

./.  ....................................

./.  ....................................

=    ....................................

14   Als Sicherheit beim Diskontkredit dienen die ........................................................ und die sogenannte
     ........................................ .

15   Welche zwei Bürgschaftsarten gibt es?

     a) ..............................................................   b) ............................................................

16   Nichtkaufleute und Minderkaufleute können sich:

     verbürgen ...................................................... ○   nicht verbürgen .......................................... ○
     nur schriftlich verbürgen ............................... ○   auch mündlich verbürgen ......................... ○

17   Bei der .................................... Bürgschaft haftet der Bürge wie der Schuldner.

18   Bei der ....................................Bürgschaft hat der Bürge die sogenannte Einrede der ....................
     ........................................ .

19   Bei der stillen Zession:

     wird der Schuldner benachrichtigt ......................................................................................... ○
     muß der Zedent die Zahlungen des Schuldners an den Zessionar weiterleiten ...................... ○
     erfährt der Schuldner nichts von der Abtretung ................................................................... ○
     geht die Forderung einschließlich der Nebenrechte auf den Zessionar über ......................... ○

20   Den Kreditnehmer bei der Forderungsabtretung nennt man .............................. .

21   Ergänzen Sie das Schema!

     | Arten der Zession nach der Benachrichtigung an den Drittschuldner |
     |---|

22   Ergänzen Sie das Schema!

     | Arten der Zession nach der Anzahl der Forderungen |
     |---|

23   Beim .................................... verbürgt sich die Bank für den Kreditnehmer.

24   Beim Bankakzept

     diskontiert ...................................... ○   akzeptiert ...................................................... ○
     zunächst die Bank einen vom Kreditnehmer ausgestellten Wechsel.

25   Bei der Sicherungsübereignung ist der Kreditnehmer

     Besitzer...................................... ○   Eigentümer ...................................................... ○
     einer Sache.

26   Bei der Verpfändung bleibt der Kreditnehmer ........................................ der Sache.

27   Es können .................................... und .................................... Sachen verpfändet werden.

28   Der Pfandvertrag entsteht durch.................................... und .................................... der Pfand-
     sache.

29   Bei der Verpfändung von unbeweglichen Sachen entsteht der Vertrag durch ....................................
     und ...................................................................................................... .

30  Bei den Grundpfandrechten unterscheidet man:

a)  .......................................  b)  .......................................  c)  .......................................

31  Eine .............................. ist die Belastung eines Grundstückes mit einem Pfandrecht, ohne daß eine Forderung bestehen muß.

32  Bei der .............................. wird kein bestimmter einmaliger Betrag bezahlt, sondern ..............................
..............................  geleistet.

**Verständnisaufgaben**

33  Nach welchen Kriterien lassen sich die Kredite einteilen?

34  Erklären Sie den Unterschied zwischen Produktiv- und Konsumtivkredit!

35  Unterscheiden Sie Geldleihe und Kreditleihe einer Bank!

36  Ordnen Sie die beiden Kreditarten zu!

Ⓐ  Personalkredit      Ⓑ  Realkredit

1  Kredit gegen Aval ........................................................................................
2  Kredit gegen Verpfändung von Aktien ................................................................
3  Kredit gegen Sicherungsübereignung ................................................................
4  Kredit gegen bebautes Grundstück ....................................................................
5  Kredit gegen Forderungsabtretung .....................................................................

37  Ordnen Sie die folgenden Begrifffe den jeweiligen Beispielen zu!

Ⓐ  Lombardkredit    Ⓑ  Konsumkredit    Ⓒ  Realkredit    Ⓓ  Kontokorrenkredit
Ⓔ  Diskontkredit

1  Kredit gegen Verpfändung beweglicher Sachen ...................................................
2  Kredit, der gegen Verpfändung von unbeweglichen Sachen gesichert ist ...............
3  Kredit gegen Verkauf eines Handelswechsels ....................................................
4  Kredit bis zu einer Höchstgrenze, der in wechselnder Höhe beansprucht werden kann ..

38  Zwei für die Kreditsicherung bedeutsame Grundpfandrechte sind die  Ⓐ  Grundschuld und die
Ⓑ  Hypothek. Ordnen Sie folgende Aussagen zu!

1  Nur dingliche Haftung ........................................................................................
2  Persönliche und dingliche Haftung .....................................................................
3  An das Bestehen einer Forderung gebunden ......................................................
4  Zur Absicherung von Kontokorrentkrediten geeignet ............................................
5  Kann auch für den Grundstückseigentümer selbst eingetragen werden ..................

39  Bringen Sie den Ablauf einer Kreditgewährung durch Einsetzen der Zahlen 1–8 in die richtige Reihenfolge!

A  Annahme durch Kunden ....................................................................................
B  Zustandekommen des Kredithauptvertrages lt. BGB ............................................
C  Anfrage des Kunden ..........................................................................................
D  Kreditbewilligung des Kreditinstitutes ................................................................
E  Informationsgespräch mit dem Kunden ..............................................................
F  Inanspruchnahme des Kredits ...........................................................................
G  Prüfung von Kreditfähigkeit und -würdigkeit ......................................................
H  Bereitstellung des Kreditbetrages ......................................................................

40 Bei der offenen Zession treffen folgende Merkmale zu:

   a) Der Drittschuldner erfährt nichts von der Abtretung ...............................................

   b) Die Forderung geht einschließlich ihrer Nebenrechte auf den Zessionar über .............

   c) Der Drittschuldner wird benachrichtigt ....................................................................

   d) Die Forderung geht bei der Abtretung in das Eigentum des Gläubigers über .............

   e) Der Kredit ist dinglich und durch Personen gesichert ............................................

41 Setzen Sie die jeweilige Kreditsicherheit ein! Wählen Sie aus den folgenden Begriffen aus!

   Ⓐ Diskontwechsel   Ⓑ Bürgschaft   Ⓒ Zession   Ⓓ Bankakzept   Ⓔ Aval

   Ⓕ Sicherungsübereignung   Ⓖ Lombard   Ⓗ Hypothek   Ⓘ Grundschuld

   1 Abtretung einer Forderung ...........................................................................

   2 Verpfändung eines Warenlagers ....................................................................

   3 Belastung eines Grundstückes zugunsten einer Forderung ...............................

   4 Verkauf eines Wechsels an eine Bank ...........................................................

   5 Kreditgeber wird Eigentümer eines Pfandes; Kreditnehmer bleibt Besitzer ..........


## Qualifikationsaufgaben

42 Warum erfreut sich die Grundschuld im Gegensatz zur Hypothek immer größerer Beliebtheit zur Sicherung langfristiger Kredite?

43 Der sicherste Kredit ist immer noch der Personalkredit. Interpretieren Sie diese Aussage!

44 Welche Kreditsicherung eignet sich für welche Investition? Begründen Sie Ihre Aussagen!


## 38. EINFÜHRUNG IN DIE ELEKTRONISCHE DATENVERARBEITUNG

### 38.1 Gedächtnisaufgaben

1 Die Elektronische Datenverarbeitung hat u. a. folgende Vorteile

   a) Fehlerfreiheit ..................................................................................... ○

   b) geringe Kosten ................................................................................. ○

   c) Rationalisierungseffekt ...................................................................... ○

   d) hohe Verarbeitungsgeschwindigkeit ................................................... ○

2 Informationen, die sich auf Lebewesen, Sachen oder Sachverhalte beziehen, nennt man .............. .

3 Medien zur Datenspeicherung sind z. B.

   a) ...............

   b) ...............

   c) ...............

   d) ...............

4 ........................................ werden in Form von Zeichen dargestellt.

5 Man subsumiert unter Datenverarbeitung die ..............................., ..............................., ............................... und ............................... von Daten.

6 Ergänzen Sie folgende Abbildung!

| Eingabe von Daten | → | | → | Ausgabe von Daten |

7    Das Grundprinzip der Datenverarbeitung nennt sich das ................................................ -Prinzip.

**Verständnisaufgaben**

8    Nennen Sie Beispiele, in welcher Form der Mensch mit der Datenverarbeitung konfrontiert wird!
     a) ..........................................
     b) ..........................................
     c) ..........................................
     d) ..........................................

9    Warum haben sich Computer so rasch verbreitet?
     ........................................................................................................................................

10   Was versteht man unter Datenverarbeitung (auch im weiteren Sinne)?
     ........................................................................................................................................

11   Wie arbeitet der Prozessor?
     ........................................................................................................................................

**Qualifikationsaufgaben**

12   Nehmen Sie zum Vordringen der EDV in alle Lebensbereiche Stellung. Wo sehen Sie Vor- und
     Nachteile für die Betroffenen?

13   Beschreiben Sie den Prozeß der Datenverarbeitung.

**39.   EDV-System**

**39.1 Gedächtnisaufgaben**

1    Die Geräte der Elektronischen Datenverarbeitung nennt man ........................................................ .

2    Daten werden über die ................................. eingegeben.

3    Die ......................... sorgt für die Verarbeitung der Daten und der ........................... für deren sichtbare
     Ausgabe.

4    Große Datenbestände bewahrt man auf ................................. auf.

5    Nennen Sie magnetische Datenträger!
     a) ..........................................
     b) ..........................................
     c) ..........................................

6 Die Datenträger werden von Geräten beschrieben und gelesen, die man
  a) ...........................................
  b) ...........................................
  c) ...........................................
  nennt.

7 Die Zentraleinheit besteht aus den Baugruppen ..........................., ...........................
  und Bussystem.

8 Der Prozessor besteht funktional aus ........................... und ........................... .

9 Welche Funktion hat
  a) das Rechenwerk ...........................................................................................
  b) das Steuerwerk ......................................................................................?

10 Warum wird der Zentralspeicher auch interner Speicher genannt?
   ...........................................................................................................

11 ..........................., ........................... und ........................... faßt man unter dem Begriff externe
   Speicher zusammen.

12 RAM ist eine Abkürzung, ausgeschrieben bedeutet es ........................................... .

13 Im Gegensatz zum RAM ist der ROM ein ........................................... .

14 Wie viele Transistoren bilden einen Speicherplatz?
   ........................................................................................................... .

15 ........................... sind Funktionseinheiten, die das Übertragen von Daten aus Eingabegeräten und
   externen Speichern in den Zentralspeicher oder vom Zentralspeicher auf Ausgabegeräte und externe
   Speicher steuern.

16 Nennen Sie Beispiele für Ein-/Ausgabewerke!
   a) ...........................................
   b) ...........................................
   c) ...........................................

17 Alle Funktionseinheiten der Zentraleinheit tauschen über das ........................... Informationen
   miteinander aus.

18 Ergänzen Sie das folgende Schema!

   Periphere Einheit

19 Nennen Sie Beispiele für Eingabegeräte!
   a) ...........................................   c) ...........................................
   b) ...........................................   d) ...........................................

20 Nennen Sie Beispiele für Ausgabegeräte!
   a) ...........................................   c) ...........................................
   b) ...........................................   d) ...........................................

21 Dialoggeräte bestehen in der Regel aus ........................................ und ........................................

22 Speichergeräte sind
   a) ........................................          c) ........................................
   b) ........................................          d) ........................................

23 Welche zwei Betriebsarten kann man für die Aufzeichnung der Daten unterscheiden?
   a) ........................................
   b) ........................................

24 Magnetplatten sind ........................................ , bei denen beidseitig auf einer ........................................ Schicht Daten aufgetragen werden.

25 Im Unterschied zum Magnetband ist bei Plattenspeicherung ein ........................................ Zugriff möglich.

26 Die Spuren der Disketten sind in ........................................ unterteilt.

27 Wie nennt sich die kleinste adressierbare Einheit einer Platte?
   ........................................................................................................................................

28 Bei einer Diskette besteht ein Zylinder aus ........................................ Spuren, bei einer Festplatteneinheit mit einem Plattenstapel aus beispielsweise drei Einzelplatten kommen ........................................ Spuren auf einen Zylinder.

29 Welcher magnetische Datenträger hat für den PC die weiteste Verbreitung gefunden?
   ........................................................................................................................................

30 Was sind Bildplatten?
   ........................................................................................................................................
   ........................................................................................................................................

*Weiter im Informationsbuch!*

### 39.2 Gedächtnisaufgaben

31 Ergänzen Sie die folgende Abbildung!

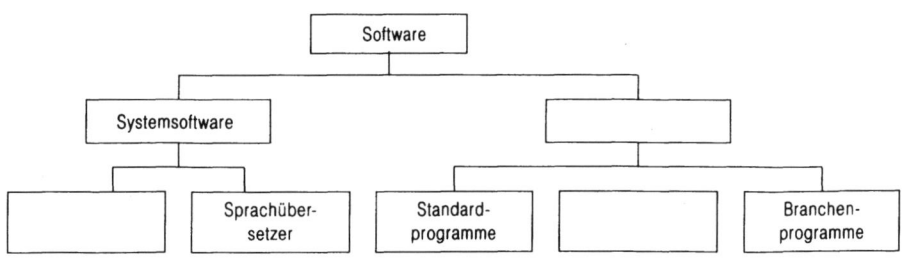

32 Die Gesamtheit der Programme, die man zum Betreiben einer EDVA braucht, wird als ........................................ bezeichnet.

33 Unter welchem Begriff faßt man die Hardware einer EDVA und ihre Software zusammen?
   ........................................

123

34 Die Systemsoftware besteht aus
a) ..................... und b) .....................

35 Was versteht man unter Betriebssystem?
................................................................................................................................................
................................................................................................................................................

36 ................................ sind Übersetzer, die ein Programm vor der Ausführung komplett übersetzen.

37 Compiler und Interpreter sind ................................ für weitgehend ................................
Programmiersprachen.

38 Aus welchen zwei Gruppen von Programmen besteht das Betriebssystem?
a) ..................... b) .....................

39 Steuerprogramme steuern den Datenfluß zwischen den einzelnen Teilen der ................................
und den Teilen der ................................ .

40 Nennen Sie vier Beispiele für Aufgaben, die Dienstprogramme des Betriebssystems für den Benutzer
erledigen!
a) ..................... c) .....................
b) ..................... d) .....................

41 Das Anwenderprogramm besteht aus einer ................................ und mehreren ................................ ,
die nur im Bedarfsfall nachgeladen und anschließend wieder überlagert werden.

42 Nennen Sie verschiedene Programme!
a) ..................... c) .....................
b) ..................... d) .....................

43 Als ................................ werden Programme bezeichnet, die Bedürfnisse eines großen Kreises
von Anwendern befriedigen.

44 Der Preis für Standardsoftware ist
a) niedrig im Verhältnis zum Herstellungsaufwand ................................ ○
b) hoch im Verhältnis zum Herstellungsaufwand ................................ ○

45 Nennen Sie vier typische Standardanwendungen für PC!
a) ..................... c) .....................
b) ..................... d) .....................

46 Was umfaßt der Begriff individuelle Software?
................................................................................................................................................
................................................................................................................................................

47 Nennen Sie vier Beispiele für individuelle Software.
a) ..................... c) .....................
b) ..................... d) .....................

⬇

**Verständnisaufgaben**

48 Prüfen Sie die Richtigkeit folgender Aussagen!
a) Die Ausgabedaten auf dem Bildschirm sind flüchtig ................................ ○
b) Man kann Ausgabedaten dauerhaft verfügbar machen ................................ ○

49 Warum eignet sich die EDVA (einfachste EDV-Anlage) nicht für kommerzielle Anwendungen?

    ...................................................................................................................................................................
    ...................................................................................................................................................................

50 Überprüfen Sie die Richtigkeit folgender Aussagen!
    a) Es ist möglich, Daten in einem Festspeicher zu schreiben ........................................ ○
    b) Der Inhalt eines Festspeichers bleibt immer gleich ................................................... ○

51 Welche Aussagen betreffen das Steuerwerk?
    a) führt Berechnungen aus ............................................................................................... ○
    b) regelt und überwacht alle Vorgänge in einer Zentraleinheit ..................................... ○
    c) ist ein unselbständiges Maschinenteil ....................................................................... ○
    d) wird gebraucht, um zu runden .................................................................................... ○
    e) ist ohne Programm nicht in der Lage, einen Arbeitsschritt zu tun ............................ ○

52 Überprüfen Sie die Richtigkeit folgender Aussagen!
    a) Das Bussystem ist das Nervensystem einer EDVA .................................................... ○
    b) Mit dem Adressbus teilt der Prozessor der Einheit mit, ob sie Daten senden oder
       empfangen soll ............................................................................................................. ○
    c) Über den Steuerbus wählt der Prozessor aus, von und zu welcher Speicherstelle oder
       Einheit des Systems eine Datenübertragung erfolgen soll ......................................... ○
    d) Auf dem Weg über den Datenbus fließen die Daten vom Prozessor zur entsprechenden
       Einheit .......................................................................................................................... ○

53 Wieso werden Magnetbänder fast nur noch zur Datensicherung verwendet?

    ...................................................................................................................................................................

54 Warum hat sich die Festplatte für professionelle Anwendungen etabliert?

    ...................................................................................................................................................................

55 Assembler
    a) sind Übersetzer, die ein Programm vor der Ausführung komplett übersetzen .............. ○
    b) sind maschinennahe, speziell auf einen bestimmten Prozessortyp zugeschnittene
       Programmiersprachen ................................................................................................... ○
    c) übersetzen stets eine Programmanweisung und führen sie dann aus, bevor die nächste
       Programmanweisung übersetzt und ausgeführt wird .................................................... ○

56 Welche Möglichkeiten gibt es, Speicherplatz im Hauptspeicher zu sparen?

    ...................................................................................................................................................................
    ...................................................................................................................................................................

57 Erklären Sie, warum Standardprogramme relativ günstig zu haben sind!

    ...................................................................................................................................................................
    ...................................................................................................................................................................

## Qualifikationsaufgaben

58 Welche Hardwarekomponenten gehören zu einem Personalcomputersystem? Beschreiben Sie eine
   Konfiguration für den Arbeitsplatz eines Sachbearbeiters, der sowohl mit Textverarbeitung als auch mit
   der Erstellung von Diagrammen und anderen bildlichen Darstellungen befaßt ist.

59 Welche Funktionen übt ein Betriebssystem aus?

## 40 Programmentwicklung

### 40.1 Gedächtnisaufgaben

1 Ergänzen Sie das folgende Schema!

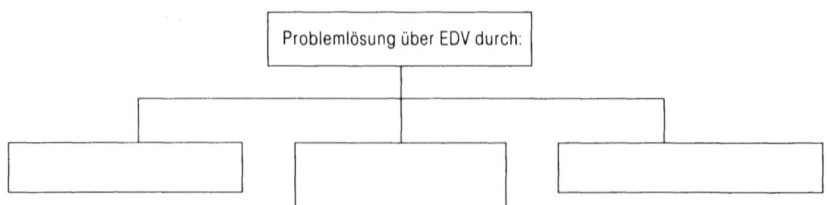

2 Ein Datenflußplan besteht aus ............................ für die Verarbeitungsvorgänge und die Datenträger sowie aus ........................................ .

3 Welche Sinnbilder werden am häufigsten benutzt?

   a) ............................    d) ............................
   b) ............................    e) ............................
   c) ............................    f) ............................

4 Was versteht man unter Programmierung?
   ....................................................................................................................................

5 Zerlegen Sie das Problem „Fakturierung" in Teilprobleme!

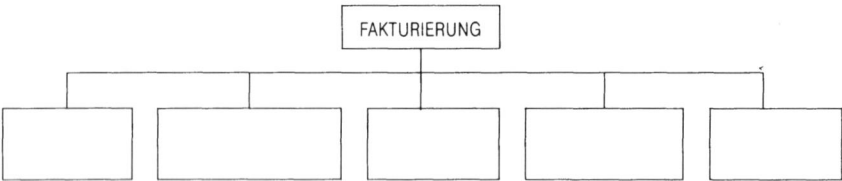

6 Zerlegen Sie das Problem „Rechnung drucken" in weitere Teilprobleme!

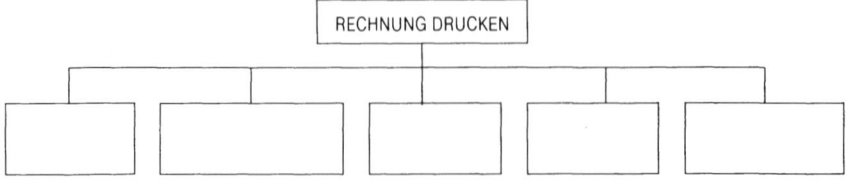

7 Ein Struktogramm besteht aus ............................................................................................ .

8 Was heißt „strukturiert programmieren"?
   ....................................................................................................................................

9 Beschreiben Sie den Unterschied zwischen
   a) Datenflußplan ............................................................................................................
   b) Struktogramm ............................................................................................................

10 Welche Funktionen haben Struktogramme?

.....................................................................................................................

11 Die Folgestruktur

a) wird verwendet, wenn eine Entscheidung im Programm zu
   treffen ist ..................................................................................................... O

b) wird oft als „Schleife" bezeichnet ........................................................... O

c) kann für eine Vielzahl unterschiedlicher Arbeitsschritte verwendet
   werden ......................................................................................................... O

d) beschreibt Ein-/Ausgabeanweisungen ..................................................... O

12 Die .................................... eröffnet dem Programmierer die Möglichkeit, nach Maßgabe beliebiger
Bedingungen das Programm beliebig viele Wege einschlagen zu lassen.

13 ........................................................ können nicht mittels Struktogrammen dokumentiert werden.

14 Ergänzen Sie die folgende Auflistung!

```
┌─────────────────────────────────────┐
│ Hauptprogramm-Modul „Inventar"      │
└─────────────────────────────────────┘
  │
  ├──▶
  │
  ├──▶ Listenkopf drucken
  │
  ├──▶
  │
  │        ┌──▶ Einlesen der Inventurpositionen und der Artikeldaten
  │        │
  │        ├──▶ Berechnen und Kumulieren der Inventarwerte
  │        │
  │        └──▶ Drucken der Inventurpositionen
  │
  └──▶
```

15 Bei der Codierung entstehen ........................................ , die genau dem als Struktogramm
entwickelten ........................................ entsprechen und die einzelne Teilaufgaben zu leisten haben.

16 Warum ist ein Programmiertext erforderlich?

.....................................................................................................................

.....................................................................................................................

17 Beschreiben Sie den Logischen Test.

.....................................................................................................................

.....................................................................................................................

18 Für die ........................................ werden alle für das Verständnis und die Anwendung der
Programme richtigen Unterlagen zusammengestellt.

⬇

**Verständnisaufgaben**

19 Was könnte einen Betrieb veranlassen, bestimmte Aufgabenbereiche über EDV abwickeln zu lassen?

.....................................................................................................................

127

20 Die Beantwortung welcher Fragen ermöglicht ein Datenflußplan „Auftragsbearbeitung"?

......................................................................................................................................

21 Welcher Sinn steht hinter der strukturierten Programmierung?

......................................................................................................................................

22 Welche Vorteile haben Struktogramme?

......................................................................................................................................

23 Bringen Sie die Teilprogramme „Drucken einer Inventurliste" in die richtige Reihenfolge!

a) Listenkopf drucken ..................................................................
b) Listenende drucken ..................................................................
c) Anfangswerte setzen ..................................................................
d) Einlesen der Inventurpositionen und der Artikeldaten ..................................
e) Druck der Inventurpositionen ..................................................................
f) Berechnen und Kumulieren der Inventurwerte ..........................................

24 Warum ist ein formaler Text notwendig?

......................................................................................................................................

**Qualifikationsaufgaben**

25 Zeichnen Sie einen Datenflußplan für folgende Aufgabenstellungen:
Neu geworbene Kundendaten (Formular) werden über eine Datenstation eingegeben. Das System speichert sie in einer Datei auf Magnetplatte und druckt eine entsprechende Liste.

26 Was bedeutet Top-Down-Prinzip in der Programmierung?


**41. Datenkommunikation**

**41.1 Gedächtnisaufgaben**

1 Der Datenaustausch erfolgt über einen ............................................... , der eine mehr oder minder große Distanz überbrückt.

2 Nennen Sie Beispiele für Übertragungsmedien!
a) ...................................  d) ...................................
b) ...................................  e) ...................................
c) ...................................  f) ...................................

3 Welche Netzarten unterscheidet man?
a) ...................................  c) ...................................
b) ...................................  d) ...................................

4 ............................................... stellen die weltweiten Verbindungen zwischen den Kontinenten her, bedienen sich der Nachrichtensatelliten.

5 Ergänzen Sie die folgende Abbildung!

```
                              ┌──────────────┐
                              │    Netze     │
                              └──────────────┘
                   ┌─────────────────┴──────────────────┐
          ┌──────────────┐                      ┌──────────────┐
          │ Interne Netze │                      │              │
          └──────────────┘                      └──────────────┘
                 ↓                                      ↓
```

Externe Netze verbinden voneinander unabhängige Teilnehmer verschiedener Unternehmen und In-
stitutionen über beliebige Distanzen hinweg.

6  Nennen Sie drei Gründe, warum lokale Netzwerke sich rasch verbreitet haben.
   a) ........................................
   b) ........................................
   c) ........................................

7  Definieren Sie den Begriff „Topologie"!
   ..............................................................................................................................................

8  Nennen Sie die topologischen Grundformen!
   a) ........................................
   b) ........................................
   c) ........................................

9  Beim sogenannten „Ring"
   a) gibt es einen zentralen Knoten ............................................................... ○
   b) ist ein zentraler Rechner notwendig ......................................................... ○
   c) ist / sind ein oder mehrere Server erforderlich ........................................ ○
   d) fließen die Daten unidirektional von Station zu Station ......................... ○

10 Welchen Sinn und Zweck erfüllen Gateways?
   ..............................................................................................................................................
   ..............................................................................................................................................

11 Wie heißen die beiden bekanntesten Zugangsverfahren für lokale Netzwerke?
   a) ........................................          b) ........................................

12 ........................... wurden für ........................... lokale Netzwerke entwickelt.

*Weiter im Informationsbuch!*

## 41.2 Gedächtnisaufgaben

13 Welche Übertragungsmedien nutzen Fernnetze?
   a) ........................................          c) ........................................
   b) ........................................          d) ........................................

14 In Fernnetzen findet man am häufigsten die ........................................................................

15 Mit zunehmender Ausdehnung nehmen Fernnetze oft .......................................... an.

16 Welche Einträge besitzen Routing-Tabellen mindestens?
   a) ........................................          c) ........................................
   b) ........................................          d) ........................................

129

17 ........................... und ............................. sind speziell für die Datenübertragung geschlossene Netze der Post.

18 Was versteht man unter Modem?
.......................................................................................................................................................

19 Wann empfiehlt sich der Anschluß von Rechnern an eine Telefonleitung?
.......................................................................................................................................................
.......................................................................................................................................................

20 Für welche Verbindungen eignet sich DATEX-L?
.......................................................................................................................................................

21 DATEX-P-Gebühren
   a) sind abhängig vom übermittelten Datenvolumen ................................... ◯
   b) sind unabhängig vom übermittelten Datenvolumen ................................... ◯
   c) sind abhängig von Entfernung und Zeit ................................... ◯
   d) sind unabhängig von Entfernung und Zeit ................................... ◯

22 Definieren Sie in Kurzform ISDN!
.......................................................................................................................................................

23 Nennen Sie die wichtigsten Vorgänge von ISDN!
   a) ...........................                c) ...........................
   b) ...........................                d) ...........................

24 Welche Übertragungsgeschwindigkeit hat Telex?
.......................................................................................................................................................

25 Welche Geräteausstattung braucht ein Teletextteilnehmer?
   a) ...........................
   b) ...........................
   c) ...........................

26 Welche Möglichkeiten bietet der Teleboxdienst?
.......................................................................................................................................................

27 ............................. ist ein Fernmeldedienst der Deutschen Bundespost, der über das Telefon- und das Datex-P-Netz verschiedene Leistungen anbietet.

28 Nennen Sie fünf Leistungsangebote von Btx!
   a) ...........................                d) ...........................
   b) ...........................                e) ...........................
   c) ...........................

29 Wie nutzen Privatleute das Btx-System?
.......................................................................................................................................................

**Verständnisaufgaben**

30 Prüfen Sie die Richtigkeit folgender Aussagen!
   a) Fernnetze befinden sich noch im Entwicklungsstadium ................................... ◯

b) Lokale Netze bilden nationale Fernnetze ................................................................. ○

c) Fernnetze bilden Netze innerhalb von Kontinenten ....................................... ○

d) Ortsnetze bedienen sich der Nachrichtensatelliten ....................................... ○

e) Globale Netze werden in eigener Verantwortlichkeit betrieben ............... ○

31  Was bezeichnet man als Topologie?

a) Kommunikation zwischen Arbeitsplätzen ....................................................... ○

b) unternehmungsweite Datenstationen und Übertragungsmedien ............... ○

c) die Art und Weise, wie Datenstationen untereinander und mit Knotenpunkten
verbunden sind ........................................................................................................ ○

d) im Netzwerk verfügbare Ressourcen ............................................................... ○

32  Nennen Sie Gründe, warum Verzögerungszeiten im Sternnetz auftreten können!

a) ........................................

b) ........................................

33  Warum empfiehlt sich die Kopplung von Netzwerken?

..................................................................................................................................................

..................................................................................................................................................

34  Welche Vorteile bieten Zugangsverfahren?

a) ........................................

b) ........................................

35  Überprüfen Sie die Richtigkeit folgender Aussagen!

a) Token Ring wurde für linienstrukturierte LANs entwickelt ......................... ○

b) Ethernet versucht Zugriffskonflikte zu vermeiden ....................................... ○

c) Ethernet bedient sich eines kontrollierten Zugangsverfahrens, das Datenkollisionen
ausschließt .............................................................................................................. ○

d) Der Token-Ring-Standard wurde von IBM entwickelt ................................... ○

36  Was sind „Router"?

a) Knotenrechner, die die Aufgabe der Wegewahl beim Versand von Mitteilungen über die
Grenzen eines Netzwerkes übernehmen können ............................................. ○

b) öffentliches Wählnetz für den Fernsprechverkehr ....................................... ○

c) Verfahren des Datenaustauschs ....................................................................... ○

37  Welchen Vorzug hat DATEX-L gegenüber dem Telefonnetz?

..................................................................................................................................................

38  Warum ist der Telex-Code sehr eingeschränkt?

..................................................................................................................................................

39  Überprüfen Sie die Richtigkeit folgender Aussagen.

a) Das Fernschreibnetz existiert erst seit 10 Jahren ....................................... ○

b) Teletex bietet einen Zeichenvorrat von 54 Zeichen ..................................... ○

c) Telex-Mitteilungen gelangen über interne/externe Netze in die elektronischen Postfächer
der Empfänger ......................................................................................................... ○

d) Die Kommunikation zwischen Teletex- und Telexendgeräten ist problemlos möglich ............... ○

**Qualifikationsaufgaben**

40 Nennen Sie Begriffe und Funktionen der sich nach ihrer räumlichen Ausdehnung unterscheidenden Netzwerkarten!

41 Begründen Sie die Beschaffung eines lokalen Netzwerks in einem Großhandelsbetrieb!

## 42 Datenschutz

### 42.1 Gedächtnisaufgaben

1 Die mißbräuchliche Verwendung von Daten soll durch das .................... - gesetz verhindert werden.

2 Was versteht man unter Datenschutz?
   ...........................................................................................................................................

3 Welche Daten gelten als „freie" Daten? Nennen Sie fünf Beispiele.
   a) ...................................        d) ...................................
   b) ...................................        e) ...................................
   c) ...................................

4 Wann dürfen „freie" Daten weitergegeben werden?
   ...........................................................................................................................................

5 Welche Daten schützt das Bundesdatenschutzgesetz nicht?
   ...........................................................................................................................................

6 Hat eine Stelle Daten unrichtig oder unzulässig gespeichert, so muß sie die Daten ...................

7 Welche Kontrollinstanzen sieht das Bundesdatenschutzgesetz vor?
   ...........................................................................................................................................

8 Wann müssen Daten gesperrt werden?
   ...........................................................................................................................................

9 Wann ist in einem Betrieb ein Datenschutzbeauftragter zu bestellen?
   ...........................................................................................................................................

10 Welche Anforderungen werden an den Datenschutzbeauftragten gestellt?
   ...........................................................................................................................................

**Verständnisaufgaben**

11 Warum ist Datenschutz notwendiger denn je?
   ...........................................................................................................................................
   ...........................................................................................................................................

12 Überprüfen Sie die Richtigkeit folgender Aussagen!
   a) Alle Angaben über Personen genießen den gleichen Schutz ........................................... ○
   b) Unrichtige Daten müssen auf Antrag des Betroffenen berichtigt werden ....................... ○
   c) Daten mit Sperrvermerk dürfen jederzeit verwendet werden .......................................... ○
   d) Die Landesbeauftragten für den Datenschutz prüfen die Bundesbehörden ..................... ○
   e) Wenn Daten erstmalig gespeichert werden, ist der Betroffene zu benachrichtigen ........... ○

13 Ein Datenschutzbeauftragter ist
   a) von jedem Betrieb zu bestellen ................................................................................ ○
   b) von Betrieben mit mindestens 10 Mitarbeitern zu bestellen, die mit der automatischen Verarbeitung personenbezogener Daten beschäftigt sind ................................................. ○
   c) von Betrieben mit mindestens 5 Mitarbeitern zu bestellen, die mit der automatischen Verarbeitung personenbezogener Daten beschäftigt sind ................................................. ○

**Qualifikationsaufgaben**

14 Welche Datensammlungen sind schutzwürdig nach dem BDSG?

15 Welche Rechte hat der Betroffene?

## 43. Datensicherung — Gesetze in der EDV

### 43.1 Gedächtnisaufgaben

1 Was versteht man unter Datensicherung?
   .........................................................................................................................................

2 Nennen Sie die „zehn Gebote" des Datenschutzes!
   1. ......................................     6. ......................................
   2. ......................................     7. ......................................
   3. ......................................     8. ......................................
   4. ......................................     9. ......................................
   5. ......................................     10. ......................................

3 Durch die ........................... kann das unbefugte Entwenden von Datenträgern verhindert werden.

4 Die ............... soll sicherstellen, daß alle Personen aus Datenstationen nur auf die Datenbestände zugreifen, für welche sie eine Zugriffsberechtigung besitzen.

5 Nennen Sie drei EDV-Berufe!
   a) ...................................
   b) ...................................
   c) ...................................

6 Maßnahmen der Datensicherung können ..................................... , ..................................... und ........................... Art sein.

7 Nennen Sie vier Beispiele für organisatorische Maßnahmen!
   a) ...................................    c) ...................................
   b) ...................................    d) ...................................

8 Ein .......... übersetzt Datenfluß- und Programmablaufpläne in eine Programmiersprache.

**Verständnisaufgaben**

9 Überprüfen Sie die Richtigkeit folgender Aussagen!
   a) Die Speicherkontrolle verhindert das unbefugte Entwenden von Datenträgern ................... ○

b) Die Übermittlungskontrolle soll sicherstellen, daß alle Personen aus Datenstationen nur auf die Datenbestände zurückgreifen, für welche sie eine Zugriffsberechtigung haben ........................... O

c) Die Benutzerkontrolle soll verhindern, daß Unbefugte EDV-Anlagen benutzen ........................... O

10 Technische Maßnahmen sind

a) Closed-Shop-Betrieb ........................................ O

b) Parallelrechnersystem ...................................... O

c) Paßwortschutz .............................................. O

d) Einbruchsicherungen ...................................... O

e) Kontrollbit ................................................. O

11 Eine Datentypistin

a) berät Kunden bei der Auswahl der EDVA ................................ O

b) überträgt Daten aus den Urbelegen auf Datenträger .............. O

c) übersetzt Datenflußpläne in eine Programmiersprache ............ O

d) bedient Groß-EDV-Anlagen ................................................ O

**Qualifikationsaufgaben**

12 Weshalb müssen Daten gesichert werden?

13 Nennen Sie Beispiele für notwendige Maßnahmen der Datensicherung, die über den Rahmen des BDSG hinausgehen.

Printed in Poland
by Amazon Fulfillment
Poland Sp. z o.o., Wrocław